コロンブスの終の棲家
ドミニカ共和国

田中みきお Mikio Tanaka

サンライズ出版

コンデ門。この扉をくぐるとコンデ通り、コロンブス公園へと続く。

消防車は赤でない。また、前面に書かれた文字は鏡文字だ。

❶ コロンブス公園
PARQUE COLON

❷ 大聖堂
CATEDRAL PRIMADA DE AMERICA

❸ オサマ砦
FORTALEZA OZAMA

❹ アルカサルデコロン
ALCAZAR DE COLON

❺ 王宮博物館
MUSEO DE LAS CASAS REALES

❻ 旧市庁舎
AYUNTAMIENTO CONSISTORIAL

❼ サンフランシスコ修道院遺跡
RUINAS DE SAN FRANCISCO

❽ 日時計
RELOJ DEL SOL

❾ コンデ門
PUERTA DEL CONDE

❿ コンデ通り
EL CONDE

⓫ 貴婦人通り
CALLE LAS DAMAS

⓬ 新大陸初の病院
HOSPITAL DE SAN NOCOLAS

⓭ パンテオン
PANTEON NACIONAL

⓮ ホテルオバンド
HOTEL OVANDO

⓯ コロンブス灯台
EL FARO DE COLON

サントドミンゴ市役所特別区都市計画局

オフィスで

まえがき

　私はJICA（独立行政法人国際協力機構）シニア海外ボランティアとして2008年9月から2年間を、中米のカリブ海の楽園ドミニカ共和国の首都サントドミンゴで過ごした。

　スペイン語圏でしかも日本ではなじみの少ない小国である。赴任までの私のドミニカ共和国の知識は、野球の盛んな国、ミスワールドを輩出した美人が多い国、人の数の3倍もの銃が出回っている国、こんな錯綜した予備知識しか持ち合わせていなかった。

　もうひとつ、世界遺産に選定された地域が首都のサントドミンゴにある。それは、アメリカ大陸発見の功労者コロンブスが発見到着し、以後3回にわたって大西洋を航海し、植民地施策を推し進めるため最初に作った都市である。

　そしてこの地域は1983年世界遺産の選定を受ける。文化遺産である「植民都市」は今なお復元中である。

　日本になじみの薄いドミニカ共和国のことを少しでも知ってもらいたい、そんな思いからまとめたものである。

　本誌は、私が赴任中に財団法人滋賀県建築士会の月刊「家」に毎月寄稿した記事及び滋賀県国際協会へ寄稿したもの等に若干の修正や加筆したものである。

目次

第1章　世界遺産のまちサントドミンゴ
SANTO DOMINGO

世界遺産のしるし inサントドミンゴ ———————— 6
PATRIMONIO CULTURAL DEL MUNDO

コロンブスが400年間眠っていた大聖堂 ———————— 8
CATEDRAL PRIMADA DE AMERICA

初めての軍事要塞オサマ砦 ———————— 10
FORTALEZA OZAMA

紙幣を飾るアルカサル・デ・コロン ———————— 12
ALCAZAR DE COLON

航海の足跡を見るなら王宮博物館 ———————— 14
MUSEO DE LAS CASAS REALES

市長の館 ———————— 16
AYUNTAMIENTO CONSISTORIAL

修理復元が待ち遠しいサンフランシスコ修道院跡 ———————— 18
RUINAS DE SAN FRANCISCO

今も時を刻む最古の日時計 ———————— 20
RELOJ DEL SOL

旧市街観光の要コンデ門 ———————— 22
PUERTA DEL CONDE

おしゃれな通りエル・コンデ ———————— 24
EL CONDE

歴史的な建造物の宝庫貴婦人通り ———————— 26
CALLE LAS DAMAS

無残な新大陸初の病院 ———————— 28
HOSPITAL DE SAN NICOLAS

英雄が眠るパンテオン ———————— 30
PANTEON NACIONAL

一度は泊ってみたいホテルオバンド ——————— 32
HOTEL OVANDO

コロンブスが眠る記念灯台 ——————————— 34
EL FARO DE COLON

第2章　ドミニカ通信あれこれ

消防車はなぜ赤い ——————————————— 38
EL BOMBERO

無料の宅配新聞 ———————————————— 40
EL PERIODICO

米を良く食べるドミニカ人 ——————————— 43
EL ARROZ

発展途上の建築施工風景 ————————————— 45
LA CONSTRUCCION

お土産はラリマールと琥珀がおすすめ ——————— 48
LARIMAR Y AMBAR

日常茶飯事の停電と盗電 ————————————— 51
EL APAGON Y EL RADRON

ハイチ地震とドミニカ共和国 ——————————— 54
EL TEREMOTO EN HAITI

多様な市民の交通手段あれこれ ——————————— 58
LOS TRASPORTES

カリブ海地域で最初の地下鉄 ——————————— 65
EL METRO

私の趣味は「KENDO」である ——————————— 70
KENDO DOMINICANA

お祭り騒ぎの総選挙 ——————————————— 73
EL VOTO

だれもがどこでも携帯電話 ─────────── 76
EL TELEFONO

日本より普及しているクレジットカード ─────── 78
LA TARJETA

日本にもなじみのスペイン語 ─────────── 80
EL ESPAÑOL

紙幣にまつわる話 ─────────────── 83
EL BILLETE

ミスワールド1982年 ──────────────── 85
LA BELLA MUNDIAL

帰ってきた扇子 ──────────────── 87
LO VOLVIDO

建築士の免許証 ──────────────── 89
ARQUITECTO/A

国民的歌手フアン・ルイス・ゲラ ─────────── 91
JUAN LUIS GUERRA

コンビニとコルマド ──────────────── 93
EL COLMADO

『協力の中の青春』よりシニア海外ボランティアレポート ──── 95

「おしえて世界のこと」よりドミニカ共和国 ─────── 100

第3章　シニア海外ボランティアを志す人に

応募から赴任まで ──────────────── 104
JICA（独立行政法人国際協力機構）について ────── 109
私の指導科目は都市計画である ─────────── 110

第1章
世界遺産のまちサントドミンゴ
SANTO DOMINGO

　私は今JICA(独立行政法人国際協力機構)のシニア海外ボランティアとしてここドミニカ共和国(República Dominicana)の首都サントドミンゴ(Santo Domingo)で2年間滞在することとなった。
　サントドミンゴはコロンブスがアメリカ大陸発見時最初に上陸したまちで、その後ここを拠点に植民地政策を展開していくこととなった。そんなこともあって植民地時代の面影を残す多くの建物が今もここ旧市街といわれる一角に集中している。コロンブス(スペイン語ではコロンColónという。)はその子孫も含め3代に亘ってここに住みついた。彼にとってサントドミンゴは終の棲家となったのである。
　発展著しい新市街と区別してここは「旧市街」ソーナ・コロン(Zona Colón)と呼ばれ、1990年にユネスコの世界遺産に選定され、多くの観光客を魅了する。また、ドミニカ共和国の唯一の世界遺産でもある。
(原文は月刊「家」2008年11月号)

世界遺産のしるし in サントドミンゴ
PATRIMONIO CULTURAL DEL MUNDO

　世界遺産選定の記念碑がスペイン広場の一角に設けられている。修復された植民都市時代の建物は1990年の世界遺産選定によって大きく息を吹き返した。この国では初めてのことである。そして、その後この国では世界遺産の選定は今日までない。選定されたエリアは僅か1.4km²である。東はオサマ川、南はカリブ海である。16世紀初頭のサントドミンゴの繁栄期の面影をたたえている。

　このように首都であって、かつ、ある区域が世界遺産に選定されている事例はハバナ（キューバの首都）や、キト（エクアドルの首都）にもある。貴重な人類の文化遺産を大切に守りたい。

世界遺産選定を示すモニュメントがスペイン広場の一角に設置されている。

「サントドミンゴの植民都市はユネスコの世界遺産の
選定を受けたことをここに宣言する」

ひとくち ALGO MAS

　首都：サントドミンゴ、面積：4万8442km²、人口：約1000万人、公用語：スペイン語、宗教：カソリック、人種：混血が75％、黒人10％、白人15％、一人当たり国民総所得（GNI）：8000ドル、経路：直行便はなくアメリカ経由が一般的である、通貨：ドミニカペソ（約3円）、気候：亜熱帯気候。

　地形、北緯17度36分から19度58分、西経68度19分から70度1分、東西横軸に286km、南北縦軸には390kmである。熱帯性気候で4月から9月が雨季である。よくハリケーンが発生する。その通り道でもある。最も高い山はドゥアルテ山（Duarte）で3175mある。大きな湖はエンリキージョ湖（Lago Enriquillo）で約260km²である。

コロンブスが400年間眠っていた大聖堂
CATEDRAL PRIMADA DE AMERICA

　コロンブスは生前自分が亡くなったら、サントドミンゴに埋めてくれといったそうである。彼の生まれ故郷イタリアのジェノバでもなく、彼がなくなった地であり彼を認め支えてくれたイザベル女王のスペインでもない。ここサントドミンゴの地である。そして彼の遺言どおり大聖堂（Catedral Primada de América）に安置された。否、安置されていたのである。

　1510年に最初の教会としてこの地で建設されたこの大聖堂は新大陸で一番最初の教会である。サントドミンゴ大聖堂の異名を持ち、ルネッサンス様式とゴシック様式が組み合わさった堂々とした作りである。ラフな服装では入りに

コロンブス広場（北面）から見た大聖堂である。広場はいつも人が一杯でこうした光景は極めて珍しい。幸運だった。

くい荘厳な雰囲気の内部の、高い天井には珊瑚石の装飾が施されている。この建物はコロンブス広場の南にあり、広場にはかの有名なコロンブスの像がある。

西側（正面）から見た大聖堂である。門扉は常に閉まっている。

荘厳な雰囲気にも拘らず、内部の写真撮影はできた。

初めての軍事要塞オサマ砦
FORTALEZA OZAMA

　新大陸初の軍事建物である。中世の都市は、城壁で囲まれ他者を寄せ付けない。ソーナ・コロンは北と西は城壁で囲まれ南はカリブ海である。東はオサマ川で囲まれている。サントドミンゴを海賊から守る防衛の拠点である。

　石造の建物は当時の面影を残し最上階からの眺め、特にオサマ川の眺めは絶景である。高さ18m、当時は最も高い建物であった。市内を一望できる。当時の建築技術が垣間見られる。

防衛の拠点に相応しい石造りの頑強な建物は500年の齢を重ねる。

東はオサマ川である。東からの眺めは
まさに要塞そのもののようだ。

入口の案内標識。

紙幣を飾るアルカサル・デ・コロン
ALCAZAR DE COLON

　コロンブス家が3代に亘って住んでいたという私邸である。2階建ての建物で現在は博物館（有料）になっている。2階の東側のテラスからはオサマ川が見渡せる。使われていた食器類、彼等が寝室として使用していたベッドなど彼等の当時（16世紀当初）の生活ぶりが伺える。私の大発見は、コロンブスとその息子ディエゴの2人揃った肖像画である。そして建物の前はいろんな催しが開かれる大きな広場になっている。その名はスペイン広場。

　この建物は1,000ペソ紙幣（裏面）のデザインにも採用されている由緒ある建物である。余談であるが1,000ペソ紙幣の表は大統領官邸（palacio nacional）がデザインされている。

博物館とスペイン広場

コロンブスとその息子ディエゴの肖像である。

ひとくち ALGO MAS

コロンブス（Columbus）は英語での名称である。スペイン語ではコロン（Colon）であるが、彼が生まれた地はイタリアである。イタリア語ではコロンボ（Colombo）と言う。そう、あの、コロンボ警部と同名である。

航海の足跡を見るなら王宮博物館
MUSEO DE LAS CASAS REALES

　歴代の総督の官邸である。重厚な建物は今は博物館となっている。コロンブスの航海の足跡を記した大きな地図は改めて彼の偉大さを思うだろう。航海に使われたサンタマリア号などのミニチュアの模型なども陳列されている。ここではコロンブスによって開拓された当時のサントドミンゴの様子もよくわかる。2階の武器の展示コーナーには日本の甲冑や刀などがある。「サムライ」のイメージはここから生まれた。そう思った。メルセデス通り（Calle Mercedez）とダマス通り（Calle Las Damas）とが交差するところにある。入り口はスペイン広場に通じる。

ダマス通りからである。左の通りはメルセデス通り右へ向かうとスペイン広場に通じる。

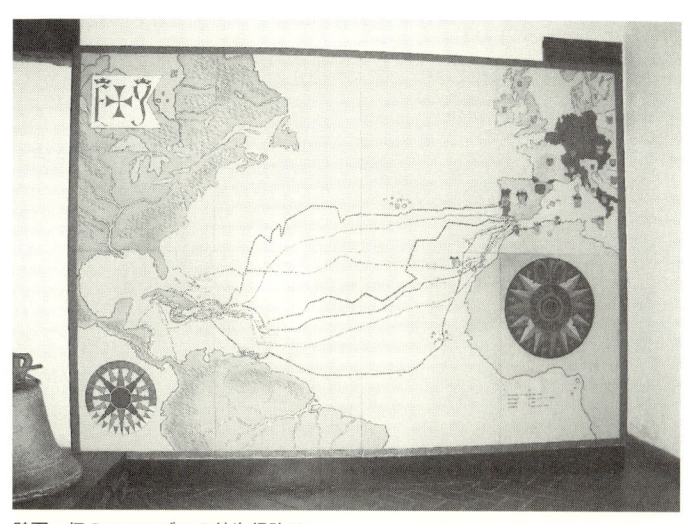

壁面一杯のコロンブスの航海経路は
改めて彼の偉大さを認識するだろう。

市長の館
AYUNTAMIENTO CONSISTORIAL

　旧サントドミンゴ市長の公邸。1502年〜1504年に建立。後に議会・法廷などを持つ市庁舎として利用される。1913年に現在のように高さ29メートルの時計台が建てられた。
　現在市役所が管理運営し、分庁舎のようである。世界遺産担当部局の事務所はここにある。儀式など何か特別な行事があったときなど時々使用されるようである。海外からの有名なエンターテイナーがやってきたときの歓迎セレモニーと感謝状の表彰式が２階の広間で行われたときに入って以来、私は滞在中何度か行ったことがある。市庁舎の博物館構想もあるが、使用目的が決まっていない。世界遺産に選定されている地域の中でも最も重要な一角にあるこの建物をどう利活用するのか模索しているようにも見える。
　コロンブス公園の周りにはこうした建物のほか、大聖堂、カフェテリア、土産物店、ホテル、観光案内所もある。

観光の拠点コロンブス公園（Parque Colon）の西に位置する。東側から。

無秩序な電柱や電線と車、ここはいつも
大勢の観光客で賑わう。北側から。

修理復元が待ち遠しい
サンフランシスコ修道院跡
RUINAS DE SAN FRANCISCO

　アメリカ大陸最初の修道院は1513年建設された。さまざまな変遷を経て現在見る無残な姿となっている。その原因はどうやら地震である。教会でもあり病院でもあった。今は時折コンサート等にも利用されることがある。想像以上に多様に利活用されている。いつの日か元の修道院に生まれ変わると信じている。本当に広大だ。まわりはフェンスで囲まれておりちょうど公園のようだ。

周囲はフェンスで囲まれ市民の憩いの場でもある。
復旧されるときっと素晴らしい名所となるだろう。

修道院を彷彿させる丁部の人物像、その下の十字架が修道院の痕跡を残す。

ひとくちALGO MAS

　聖なる水　日本では古来より酒を称してこう呼んだ。米より作る故なのだろう。西洋よりもたらされた文明はビールにワインとすっかり日本に溶け込んだが、私の好きなのはビールだ。この国では、砂糖きびから作るアルコール「ロンron」が一般的だ。コーラで割る。オンザロックであるいはお湯割りなどがある。もちろんストレートもありだ。

今も時を刻む最古の日時計
RELOJ DEL SOL

　何の変哲もない、太陽の方角から時刻を知ると言う古代の智恵である。一見石碑かと思った。よく見ると丁部は日時計を思わせる。1753年に建てられた、新大陸で最も古い日時計である。以来250年以上も時を知らしめる。ちょうど、貴婦人通りからスペイン広場に抜けるところにある。そして王宮博物館の入口前でもある。

左側が王宮博物館、右側はオサマ川、まっすぐ行くとスペイン広場に出る。

1753年に作られたと説明版は言う。
そして、この説明板は1928年に作
られた。

21

---- ひとくちALGO MAS ----

　基幹産業は、豊富な自然や海岸を活かした観光である。ま
た米国への移住者による送金いわゆる出稼ぎが大きな外貨獲
得の手段でもある。他には農業製品として砂糖、カカオ、タ
バコ、バナナなどが豊富である。

旧市街観光の要コンデ門
PUERTA DEL CONDE

　コンデ通りの終点がコロンブス公園ならここはその起点になる。この門の内側が旧市街で世界遺産に選定された地域である。外側の独立記念公園との接点にある。
　この門には閲兵がいる。中世の面影を残す外部からの侵入者を厳しくチェックした閲兵は今となっては衣装だけが当時を彷彿とさせる。観光客にとっての格好のカメラの被写体である。

旧市街側（東）から見たコンデ門。
閲兵は東を向いて建っている。

閲兵である。

23

この扉の先は旧市街、世界遺産選定地区の入り口である。手前にあるのは、この国の基準点、さしずめ日本なら東京日本橋1丁目である。

おしゃれな通りエル・コンデ
EL CONDE

　ちょっとおしゃれな通りである。コンデ門とコロンブス公園を結ぶ400ｍほどの通り。界隈にはおしゃれな店や観光客相手のみやげ物店が、路上では隣国ハイチを初めとするカリブの絵画が売られていて観光客でいつもにぎわっている。ここは、世界遺産の中でも観光客向けの通りである。もちろん車は24時間365日通行禁止の歩行者天国である。徒歩でじっくり味わってほしい。

コンデ通りは歩行者天国のようで車両はシャットアウト、椅子もあって絶えず人通りがある。

夜のエル・コンデ真ん中の街頭が映える。

25

西のエル・コンデの起点は絶え間ない車で、
人の往来も激しい。

歴史的な建造物の宝庫貴婦人通り
CALLE LAS DAMAS

街にはその町を代表する通りがある。通りがあってそれに面する建物の景観はその町の歴史を語る。さしずめ滋賀県近江八幡市では新町通りに匹敵し、この通りの景観は絶品である。

ここサントドミンゴ（Santo Domingo）はダマス通り（Calle las Damas）、その名のとおり貴婦人（las damas）が闊歩したと言われる。この通りはちょうどコンデ通りと直角に南北に走るわずか450m程である。通り沿いには復興された多くの歴史的な建物が当時の面影を残す。代表的なものは、パンテオン、旧フランス大使館である。

道路名の標識が石積みの壁と見事に調和している。

南から北に向かって延びる貴婦人通りは
僅か450mほどである。

---- ひとくち ALGO MAS ----

　ピカポージョ（pica pollo）はドミニカ共和国人用にアレンジされた中華レストランと言う代物である。肉があって、野菜があって、焼き飯等のご飯がある。それぞれをバイキング形式で選んで盛り付けてもらう。安価である。そして店員は殆どがドミニカ人である。ピカポージョといえば誰もがイメージできる国民食のレストランである。picaは辛い、polloは鶏肉の意である。肉は鶏肉が基本であるようだ。

無残な新大陸初の病院
HOSPITAL DE SAN NICOLAS

　16世紀初頭、植民都市時代に建設された病院は新大陸初のというには余りにも無残だ。Hospital de San Nicolasとしてその名も知られ、その後教会として使われたが、現在は残念ながらその面影すらない。観光客が往来する旧市街から少し離れているせいでもある。

廃墟そのものである。隣は市が管理する駐車場。復興を待っているかのようだ。

かすかに残るのは入り口、門扉か。レンガ積みの独立したアーチが痛ましい。

ひとくち ALGO MAS

　デング熱（dengue）　蚊が媒介するウイルスによって起こるこの病気は熱帯特有である。ドミニカ共和国ではことのほか罹患率が高い。死亡はまれであるが、高熱や関節筋肉痛を発し、特効薬はない。ひたすら安静にして、寝ていることだ。最善策は蚊に刺されないように防蚊対策をするのがベストである。そんなこともあって、蚊取り線香が大流行である。なくなったら供給する。私が持っていったものには電気蚊取器があったが効果はいま一つ物足りなかった。喉には優しいが効果は薄かった。慣れ親しんだ渦巻状蚊取り線香にはかなわない。

英雄が眠るパンテオン
PANTEON NACIONAL

　荘厳な建物と言うに相応しい外観は当初教会として建てられ、数々の変遷を経て1955年今のパンテオンになった。この国に功績のあった人、つまり多くの英雄はここに祭られる。霊廟を守る閲兵による銃の交代式があり内部はとても厳粛な雰囲気を保ち脱帽を要求された。

正面の頂部の2個の鐘と両サイドのキリスト像が象徴的である。

ひとくち ALGO MAS

　ドゥアルテ（Duarte）は、独立の英雄である。1844年2月27日、この日は道路の名前に使われてもいる。アベニーダベインテシエテ（Avenida 27 de febrero）、2月27日通りである。また、独立の英雄の名前を冠したものはこの国各地にみられる。この国の起点となる通りの名称はドゥアルテ通り（Avenida Juan Pablo Duarte）、最も高い山はドゥアルテ山（Pico Duarte）（高さ3175m）という。

前面道路は思いのほか狭い。

パンテオンの内部である。ラッキーだった。
だれもいなかった。

一度は泊ってみたいホテルオバンド
HOTEL OVANDO

　発見はコロンブスに譲るがオバンド将軍はスペインより総督として遣わされこの町を造り、治めた植民都市の創設者だ。彼の私邸として長く使われた建物である。今は当時の建築様式を今に伝える、4つ星の立派なホテルである。名前もソフィテル・ニコラス・デ・オバンド（Sofitel Nicolas de Ovando）と言う。こうして用途が変わってもその当時の雰囲気を残し、新大陸初にふさわしい歴史を今に伝えるそんな利活用がうれしい。予算が許すならぜひ宿泊してみたいものである。姉妹ホテルはソフィテル・フランセス（Sofitel Frances）と呼ばれるが、こちらは予算も手ごろでこじんまりとした家庭的な雰囲気だ。

ひとくち ALGO MAS

　昼食がメイン　日本では昼はそそくさと簡単に済ませる。夕食は豪華でというのが一般的だろう。ここドミニカ共和国では昼食がどうやらメインである。自宅へ帰ってゆっくり食事をし昼寝をして午後の出勤となる。スペインでシエスタ（昼寝の意味）が一般的だと学んだが、こうした文化の影響でここドミニカ共和国ではどうやら昼食がメインだと職場の同僚たちが言う。尤も昼寝などはないが長い昼食時間と極端に職員が減ってしまう午後の職場がそれを物語る。

建物はホテルニコラスオバンドの
紹介写真を拝借した。

ひとくち ALGO MAS

　赴任して一年程たった中間地点では健康の試験がある。健康診断は日本で受けなければならない。そして健康に問題ないと診断結果が出て初めて任地へ戻って残りの任期を務めることができる。約1ヵ月間であるが、私が渇望したのは、食では、回転寿司、ラーメン、牛丼だった。そして温泉へ行くことだった。これは、若い時のホームシックとは異なるシニアならではの新たな発見である。

コロンブスが眠る記念灯台
EL FARO DE COLON

　1992年アメリカ大陸発見500年の記念の年、コロンブスの遺骨はここコロンブス記念灯台に移された。それまで彼の遺骨は大聖堂（Cathedral Primada de América）に安置されていたのである。
　ここには各国の展示ブースがある。中南米諸国の他、中国や韓国の展示ブースもある。日本の展示ブースは他の国に比べて大きなスペースを占めている。彼が黄金の国ジパングを目指して西へ向かったその経緯となった地図が掲げられている。黄金の国を紹介したのがマルコポーロ、黄金の国のイメージとなったのは東北の平泉である。今をさか

建物は上空から見ると十字架の形をし、その先端はコロンブス家が3代に亘って住んだアルカサルを指している。因みに設計はイギリス人がオリジナルをその後ドミニカ人が引き継いだ。

のぼること600年、3代に亘った平泉藤原氏の栄華は遠くここドミニカ共和国で紹介されている。

　日本とドミニカ共和国を結ぶ接点を見つけた。「西へ向かうとインドへいける」と彼が信じて疑わなかった。今もここは西インド諸島、west indiesと英語で表記される。

　入場料は100ペソ特に日本人には是非訪れてもらいたい。

（同左）

ひとくち ALGO MAS

　トウデンと聞くと、この国では即座に浮かぶのは盗電である。そんなこともあって私はトウデンが東電で東京電力の意味だと意識するようになったのはごく最近のことである。そういえば、こちら関西では、関電と言ったらだれもが関西電力のことだと認識する。

---- **ひとくち ALGO MAS** ----

野球 この国は他のラテンアメリカ諸国と異なってサッカーではなく野球が盛んな国である。代表格はサミー・ソーサ（Samuel Sosa）で、彼は少し不運な男だ。本塁打60本を3度もしながら、その間に一度も本塁打王になっていない。彼の生涯ホームラン数は609本である。母国ドミニカ共和国で多くの慈善活動を行った。彼の生まれ故郷は首都より東へ3時間ほどの所である。アレックス・ロドリゲス（Alexander Rodriguez）はアメリカ国籍を持っているがドミニカ共和国出身でニューヨークヤンキースの選手である。最も年棒の高い選手と言えばよくわかる。2011年に引退を表明したペドロ・マルティネス（Pedro Martinez）はヤンキースのピッチャーである。代表する大リーガーだ。ドミニカ共和国出身者は最多で3割近くもいる。日本人は10人ほどで4位である。

　広島東洋カープのドミニカ共和国研修施設がある。ここは野球が盛んだ。ここから日本プロ球団へあるいは大リーグへ、そんな夢を見て日々練習に励む。サン・ペドロ・デ・マコリス（San Pedro de Macoris）という市にある。首都より東へ高速バスで凡そ1時間ほど要する。サミーソーサの生まれ育ったところである。

第 2 章
ドミニカ通信あれこれ

消防車はなぜ赤い
EL BOMBERO

　私のアパートの隣は偶然だが消防署である。私の第一印象はいささか悪いものとなった。毎日のように消防車が出るたびに聞かされるけたたましい出発の音、あるいは救急車が出発するたびに聞かされる。そしてそれは24時間ひっきりなしに起こる。夜中もおちおち眠れないのではないか。そんな思いだった。
　しかし、その思いはとり越し苦労となった。ほとんど消防車が出動することはないのである。夜中に出動したのはこれまでに2回ほどだった。火災が思った以上に少ないのである。
　さて、この消防車であるが、消防車の色は淡い緑だ。日本で見慣れた赤い消防車ではない。夜間と言うか夕方の見難い時に一番よく映える色がこの色だという説明だった。8年ほど前にそれまでの赤い消防車からこの色に変わった。
　もう一点、消防車の正面に書かれているBOMBEROSは少し変だ。文字がちょうど鏡に映してみたらちゃんと見えるようになっている。前を走っている車のバックミラー越しに見るとBOMBEROS（消防の意味）と読めるように、わざと印字しているそうだ。日本とは発想が違うようである。何年かしたら日本の消防車の色が変わるそんなことがふっと頭をよぎった。

私のアパートの隣は消防署だ。簡素な事務所兼待機所と消防車が一台あるだけだった。

隣の消防署の名前は地名でなく番号である。ここは「第6消防署」。

無料の宅配新聞
EL PERIODICO

　ここでの新聞は配達ではない。各人が路上の売り子から購入する。路上の人通りの多い交差点の中央分離帯や歩道等で販売しているものを購入するのが一般的だ。オイ（Hoy）は15ペソ、エル・カリベ（EL Caribe）30ペソ。
　この方法は、欧米ではごく一般的である。我々におなじみの各家庭への配達は日本独自の制度であるようだ。
　さてここ、ドミニカ共和国ではもう一つの方法で新聞を見ることができる。それは、グラティス（Gratis）がある。これが結構広く浸透している。グラティスとは無料ということである。無料の新聞が毎日各家庭にというか、適宜配られる。無造作においていくといったほうがいい。
　ディアリオ・リブレ（Diario Libre）、エル・ディア（El Dia）、クラベ（Clave）の3つの新聞が毎日のように私のアパートのピロティに置かれた。どうやら日曜日と祭日には配られないようだった。
　私の住まいはアパートで30戸ぐらいの規模である。ちょ

駐車場に無造作に置かれた新聞。

うどピロティ形式となっている1階の駐車場の一角に無造作に置かれている。しかも丁寧にビニール袋に入っている。それを誰でも自由に取っていくのである。私が自宅を出るのは8時過ぎであるが、遅く出るともう新聞はなくなっている場合がある。人気のあるのはディアリオ・リブレという新聞である。無料で配っていくことと部数も少ないのだろうか直ぐになくなってしまう。そしてこの新聞は同時にインターネットでも同じ紙面が見られることである。

　会社がたくさん入っているオフィスビルにも配られる。あるいは公共の交通機関のバス内でも配っている人がいた。ある時にバスを利用して偶然だが無料の新聞を頂戴したこともあった。ちょうどバスで通勤途中だった。しかもいつもの新聞はもう所定のところにはなかったからである。嬉しかった。

　おかげで随分と重宝した。大きさは日本の新聞の半分ほどで縦長である。タブロイド版というそうである。スペイン語のためもちろん内容はほとんど理解できていなかった。最初の頃は天気予報の最高気温と最低気温が載っているところ、それに1面の写真が載っている記事に関心があった。

　よく載っているなあと感じたのはこの国の大統領フェルナンデス（Fernandez）のことだった。

　日本のことも時々載ることがある。日本に関係する記事で第1面に載ったことで鮮烈に記憶にあるのは、観光で来た日本人が強盗に襲われ怪我をしたことが写真と共に掲載された。2008年11月24日の新聞エル・ディアだ。発展途上国で多い犯罪の顕著な事例だと戒めのためJICAも警告をしていたことで格好の安全研修の題材となったものである。日本とは安全や安心の基準が違うようだ。

　もう一つは、野球の世界大会WBC（ワールドクラシック

ベースボール）で日本が優勝したときに1面に掲載された。2009年3月25日のことである。こちらのニュースは嬉しい。

　長い間この国にいるといろんなことがわかる。おりしも2009年の6月、ディアリオ・リブレが発行部数の発表をしていた。それによると

　　ディアリオ・リブレDIARIO LIBRE　29.98％、
　　リスティン・デアリオLISTIN DIARIO　13.49％
　　オイHOY　9.36％、
　　エル・ナシオナルEL NACIONAL　8.71％
　　エル・ディアEL DIA　8.23％
　　エル・カリベEL CARIBE　4.92％

いわく「2番目の新聞社の2倍以上の販売部数である。この国の指導的な新聞である。」とこんな話を職場でしていると同僚がいわく、無料だから販売部数が突出して当たり前だわ。さて真相はいかに？私はこの新聞を一番重宝していると言った。

発行部数を発表した新聞記事。

米を良く食べるドミニカ人
EL ARROZ

　この国は最初ミニアメリカだと思った。洋風のしつらえと西洋人化した風土に建物。人々は、黒人negro/a、モレノmoreno/a（混血で肌の色も濃い黒から白人に近い白っぽいもの）、そして白人blanco/aと、日本では考えられないくらいに多種多様である。さらに背の高い人から低い人まで、また太った人からやせた人まで本当にさまざまである。アメリカの人種のるつぼがそのままあてはまるように感じたのである。しかしここは一様に表現するならラテンアメリカである。

　当然パン食が主食かと思いきや、さにあらずであった。彼らは良くコメを食べるのである。こちらの定番は、ご飯に肉に野菜である。ご飯は油と塩を入れて炊いたもので日本のご飯とよく似ているが少し異なっている。そして大きく異なるのはその上に豆の汁をかけるのである。豆汁かけごはんとでもいうのだろうか。また、白いご飯以外には炊

白いご飯に豆の汁、野菜、肉の定番である。

き込みご飯風から焼き飯風の物もある。とにかく良く米を食べる。ご飯を食べないと一日中食事をした気分にならない。それがドミニカ人である。私には目から鱗だった。

　他によく出てくる定番は、肉、野菜にプラタノ（platano）である。このプラタノは食用バナナを油で揚げたものでちょうどサツマイモのような味がしてとっても肉や野菜に合うのである。私は良く食べた。

炊き込みご飯、野菜、肉、これも定番である。

プラタノ、野菜、肉、そしてコーラである。私の昼食の定番だ。

ひとくち ALGO MAS

　バンデーラ（Bandera）は、スペイン語で国旗の意味である。料理でバンデーラとは白いご飯、赤い肉、青色の象徴野菜の3点を一皿に盛り付けたもので、使った色がドミニカ共和国の国旗に使用されている3つの色をもじってこう呼ばれる。典型的なドミニカ料理である。

発展途上の建築施工風景
LA CONSTRUCCION

　「便所では紙はトイレに流さないように、備え付けのごみ箱に入れてください」。ここドミニカ共和国に到着しての最初の異文化体験だった。慣れるまで苦労したが、振り返ってみるとこうして受けた指示が今はとても懐かしい。理由は簡単だった。排水管が細いのである。当然排水管が細いので配管のスペースは総じて小さくて済む利点もある。
　日本では用を足した後の紙はトイレに流す。しごく一般的だ。ここでは紙は備え付けのゴミ箱に入れるのである。中南米では大変一般的で慣れるまではよくそのままトイレットペーパーを便器に流していたことが今思い出しても懐かしい。ある時、建築の設計図面でその旨を確認できた。図面でもそのように明示してあるのだ。

仮囲いは下部に少し見えるだけである。
建築工事の様子がよくわかっていいが…

建物の全体的な排水計画であるが、下水があるところとないところがある。その場合一次処理をした後のようだがそのまま敷地内に垂れ流しである。いわゆる地下浸透である。こうしたところが多い。
　建築工事であるが、いろんな意味で日本とは異なる景色にである。仮囲いのないのは当たり前。高層ビルなら、はるか遠くからでも建築工事現場の状態や進行具合が絶えずわかっていいのかも知れないが、建築中の建物には近づきにくい。いつ何が落ちてくるかわからないからだ。日本のように囲いが取れたら突然びっくりするような建物が現れたというのに慣れた感覚からすると、妙な違和感を覚えるのである。
　この国では2009年1月に起こった隣国ハイチ地震の影響もあってか、その後しばらく建築工事や土木工事があちこちで行われてさながら工事ラッシュだった。

拳銃を所持しての現場への立入禁止の表示である。発展途上国ならではの看板表示だ。

土工事であるが、土止めがないのでびっくりした。雨が降っても崩れることはないようである。

ひとくち ALGO MAS

　この国で最も高い建物は階数38階、最高高さ約130mである。その用途は共同住宅いわゆるマンションと言われる代物である。首都にあってもその高さは他を圧倒する。

お土産はラリマールと琥珀がおすすめ
LARIMAR Y AMBAR

　コロンブス公園の北側にある琥珀博物館、ここドミニカ共和国の名産は琥珀（ambar）である。琥珀は木の樹液が長い年月により固化してできた宝石で、その色は黄色とあめ色の妙味である。一般には琥珀色と言われる。ウイスキーの色と言えばピンとくるだろう。樹液の中に蟻や蚊などの小動物が混入してそのまま固化してしまっているものは特に珍重されるようだ。こうした高価なものは偽物が横行するのが常である。光に当てると色の変化がわかるのが偽物を見分けるこつだ。

　映画「ジェラシックパーク」で、琥珀に閉じ込められた蚊から恐竜の血液を採取し、その中に含まれているDNAか

映画ジェラシックシックパークの有名なシーンはここの博物館の琥珀である。この博物館は首都のサントドミンゴから北西にあるまちプエルトプラタ（Puerto Plata）にある。必見である。

ら恐竜を蘇らせる有名なシーンに登場するのはここドミニカ共和国の琥珀である。

映画ジェラシックシックパークの冒頭に出てくるロゴマークと似たものを見つけた。

観光客の多く集まるコロンブス公園 その西側にある「琥珀博物館（Amber de Museo）」。見過ごしてしまいそうだ。

そして、ラリマール（larimar）。ラリマールはドミニカ共和国の名産である。そして、ドミニカ共和国にしかない代物である。発見されてまだ30数年の歴史しかない。この鉱物の正式名称はペクトライト石（pectolite）であるが、ここドミニカ産のものは特にラリマールと言われる。カリブ海の海（mar＝マール）から取った名前からわかるように「カリブ海」の澄み切った青い色を彷彿とさせる。カリブの空の青、海の青そしてラリマールの青。また、ラリマールの優しい青色は癒しの力があるともいわれる。装飾品としての価値は高い。

この国を代表する土産品である琥珀製品は外国からの観光客のお目当てである。私も奮発して土産に買った。

ラリマールlarimarのペンダントである。ラリマールは今や琥珀と並びドミニカ共和国を代表する土産品となった。

■ ひとくち ALGO MAS

日本人のコーヒーの消費量が緑茶を抜いて今や3倍に達すると言う。そういえば私も緑茶を飲む機会よりコーヒーを飲む機会も多く量も多い。実感する。ここドミニカ共和国でもコーヒーは有名で私がいつも愛飲していた地元産のものはサントドミンゴの名でスーパーの店舗でよく売られる銘品である。

日常茶飯事の停電と盗電
EL APAGON Y EL RADRON

　この国では停電がよく起こる。日常茶飯事である。これだけ頻繁に停電が起こるので、いろんな場所で停電に出くわした。便所で用足しをしているとき、エレベーターの中にいるとき、夕食の支度でちょうど料理をしているとき、職場で仕事中に突然電気が切れてパソコンが止まったこともあった。とにかく良く起こるのである。私のアパートには敷地の入口に電動式のゲートがあるのでよくわかる。よくしたものだと思った。昼間、停電の時には自動的に空いたままになる。

　私のアパートは、停電が起こると全くお手上げである。その対策には苦慮した。昼間、冷蔵庫などはできる限り開閉を控える。備え付けの冷蔵庫が役に立たなくなるのが最もつらかった。最悪は買ってきたアイスクリームがアイスミルクになってしまったことだ。それ以来アイスクリームの購入は要注意である。また、牛乳は粉末状のミルクを買って必要な時に水で溶いて飲むなどの工夫が必要だが、私は少し日持ちの良いロングライフのものを愛用した。停電になれば牛乳はすぐに腐ってしまう。

　もうひとつ、夏場の暑い時のことを考えるとエアコンは結構使うので停電になったらどうなるのだろうと心配したがそれほどでもなかった。周りに木々が沢山あってエアコンは使用しなかった。尤もこのエアコンが気まぐれで突然作動したりするから厄介だ。おまけに音はすこぶる大きい。安眠などとてもできるものではなかった。うまく作動していなかったことはかえって良かった。私は生来のエアコン嫌いだからである。もっぱら愛用したのは天井扇だ。暑さ

をしのぐのには最高だ。結構涼しいのである。寝たままでかけておくとどこからか心地よい冷気が寝室全体を覆い熟睡できるのである。

　昼間は仕事で留守がちである。エアコンはめったに使わない。停電がしょっちゅうある。そんな私の毎月の電気代は600ペソくらいだった。

　これだけ頻繁に起こる停電だが、電気代はしっかりとれるところから取る。そして支払わない家に対する対応の迅速さは俊敏である。電気代は毎月決まって請求が来るが払い忘れでもしたら大変である。すぐに供給停止である。同期の仲間で電気が突然供給されなくなった事例があった。

　そしてもう一つの不思議は、盗電の多いことである。勝手に自分の家に電気を引く工事をしてしまうのである。電気代を支払っていない者が190万件だとある日の新聞に書いてあった。

家庭内の蓄電池である。通電中に蓄電して停電に備える。

これだけ頻繁に起こる停電対策は、通電中に逐電し、停電時に使う逐電方式。もう一つは、自家発電機を具備し駆動させ電気を供給する方法である。ホテルや大きなスーパーマーケットや高級アパートに多い方式である。

　信号も例外ではない。そうした場合交通警察官が切れた信号のある交差点で交通整理をしているそんな光景に良く出くわしたものである。

　私の知る唯一の例外は2009年1月末に操業開始した地下鉄である。私の帰任までの1年半以上が過ぎたが停電が一度もなかった。

　頻繁に起こる停電、私のアパートにあった沢山のキャンドルライト（ロウソク）の意味がわかったのは入居間もなくだった。

電柱と入り乱れた電線が物語る。きちんと管理できていないので盗電も日常茶飯事のようだ。

ひとくち ALGO MAS

　東北大震災で電気代の話題が出ていた。日本は世界一高いそうである。一般家庭の平均で毎月9000円程だ。さてドミニカ共和国では、500ペソ程だった。使用料は大体60キロワットである。ざっと6倍ほどである。なるほど高そうだ。妙に納得である。

ハイチ地震とドミニカ共和国
EL TEREMOTO EN HAITI

　2009年1月12日にハイチで地震が起こった。死者23万人、被災者300万人以上の大災害である。
　びっくりするほど多くの方々から安否のメールをいただいた。規模はマグニチュード7.0、ハイチの首都プエルト・プリンシペ（Puerto Purincipe）では大統領官邸や、学校、病院など政府施設も被害を受けた。震源地より250～300kmほど離れた、ドミニカ共和国の首都サントドミンゴでは震度3だった。
　ちょうど私はその時に自宅（アパート）にいたが全く気付かなかったのだ。間もなく入ったサントドミンゴのJICA事務所からの緊急連絡で地震の発生を知る始末だった。後で皆に聞くと、地震の揺れを感じた人と感じなかった人それぞれがいて千差万別のようだった。また、翌日、自宅周りの建物を観察しても地震の被害痕跡は全くと言っていいほど見られなかったのが不思議だった。その後新聞やテレ

地元の新聞の一面。

ビのニュースで入ってくる地震情報はひっきりなしだった。政府庁舎や病院施設の崩壊を初め水、電気などのライフラインの壊滅など想像を絶するハイチの首都プエルトプリンシペの風景とは全く別物のようだった。

　ドミニカ共和国はハイチから独立したという歴史的な背景もあって両国は必ずしも良好な関係ではない。そのことが地震での対応に少なからず大きな影響を与えている。そんな気がした。

　ここはカリブ海で2番目に大きな島イスパニョーラ島だが、ハイチ共和国とドミニカ共和国の2つの国が2分している何とも奇妙な島である。両国のこれまでの歴史をひも解いてみると、日本では考えられないほど複雑極まる。

　この島は最初スペインの植民地だった。覇権が英仏等の新興国の台頭による力関係の影響で島の西側一部はフランス領となった。後に世界初の黒人国家として独立することとなる西側一部はハイチと称して本国のフランスから独立

道路に無造作に置かれた死体の山。
悲惨な状況を伝える地元の新聞。

する。1804年である。そしてその勢いに乗じて隣国をも植民地化してしまうのである。このハイチは内紛等もあって自ら衰退していった。ハイチからドミニカ共和国が誕生する。1844年のことである。その後、アメリカの支援を受けて繁栄するドミニカ共和国と南北アメリカを通しての最貧国となったハイチ。それが今日の姿である。

　貧困等の指標は一人当たりの国民総生産GNP（Gross National Product per Person）で表すが、ハイチ約1,300ドル、ドミニカ共和国約8,000ドル、日本は約30,000ドルである。因みに10,000ドル未満を発展途上国と称している。

　通常、我々派遣のボランティアには治安上問題のあるハイチへの渡航は許可されていない。また、ハイチとの国境付近で起こった日本人ボランティアの身柄拘束事件の影響もあってドミニカ共和国でありながらハイチに接する国境付近への立ち入りすら禁止されているというのが現状である。こんな緊急の時こそいち早く誰かが派遣されるものと、かすかな期待や不安が入り混じった複雑な面持ちでいたが、そうしたことはなかったようだ。忙しくしている大使館関係者（ドミニカ共和国の日本大使はハイチの大使と兼務している）やJICA関係者の様子だけが際立っていた。

　特に1月16日に予定されていた大使主催の新年会が急遽キャンセルされたことが鮮明に記憶に残っている。

　こちらでみる日本のハイチ地震への対応は、1月15日政府発表の3,000万ドルの支援金、16日に現地入りした国際緊急医療チームの派遣、2月に入っての自衛隊の派遣などである。もちろん素早い反応の米国やドミニカ共和国を初めとする中南米諸国の対応からすると若干の遅れがあったことに苦言を呈するものではない。日本は日本のやり方があって遅いながらも確実に点を挙げていくそのことを持っ

て良とすべきかと感じている。

　従って、淡路阪神大震災時に飲料水の配給の支援で現地へ行く機会があって、垣間見た地震後の悲惨な光景などは体感する術もない。

　地震発生直後の毎日の新聞報道やCNNのニュースでの地震情報は想像を絶するものだった。道端に放置された大量の死者、トラックで埋葬地へ運ばれる死体の山、警備に守られながら配給する各国の援助隊、食料の奪い合いの姿、等々。日本では考えられないことばかりであった。

　ましてや、いち早く現地に入って2次災害等に備えて既存建物の危険度を判定するという建築士周知の「応急危険度判定」などという行為、否、言葉からは程遠いものである。

　そして2011年3月11日未曾有の大地震が三陸沖で起こった。真っ先にドミニカ共和国の多くの友人たちから安否を気遣うメールをいただいた。嬉しかった。そしてドミニカ共和国にいたときのことを思い出したのである。マグニチュード9.0の東北大震災は津波被害、原発被害そして建物被害など海外でも関心を持って報じられているが、その内容は少し趣が異なっている。先進国でリッチな国で起こった地震に立ち向かう辛抱強くて秩序正しくへこたれずにいる日本人の姿である。手本を示さなければとの思いである。

ひとくちALGO MAS

　もうひとつのドミニカは、「ドミニカ」英語ではCommonwealth of Dominicaで公用語は英語、同じカリブ海にあるがこちらは小さな島国である。この国にもJICAが協力隊を派遣していることでその存在を知ることになった。

多様な市民の交通手段あれこれ
LOS TRASPORTES

　ここでの乗り物のことを書かずしてこの国は語れない。いろんな種類の交通手段がある。そしてそれらは市民の足となって市内を縦横無尽に走り交通システムの中で重要な役割を果たしている。無秩序に見えるこれらの交通手段は結構秩序立てて走っているところがまた心憎いのである。
　車両が極めて古い。乗り物は日本ならとても車検が通りそうもない車がたくさん走っている。料金であるが距離が長いので高い、というものではない。同じ路線をバスが走り、グアグアや、カーロプブリカが競合するように走る。交通渋滞は当然であるといえば当然である。そこへタクシーがある。そしてタクシーが安心して乗れない国はここだけかもしれない。

オムサ OMSA

　Oficina Metropolitana de Servicios de Autobusesの省略で、市内循環公共バスと訳しておこう。5ペソもしくは10ペソで市内を中心に走っているバスである。エアコンが入っているバスが10ペソ、エアコンが入っていないのが5ペソである。バスは比較的古くガラスが割れたりヒビが入っていたりする。しかし公共機関として堂々と活躍して

ひとくち ALGO MAS

　この国の至る所で見る日本車は圧巻だ。ここでの車両の7割から8割が日本車である。翻って、ここでの日本人の認識は希薄だ。我々アジアの代表は中国だからだ。

いるところは不思議といえば不思議である。
　バス停留所であるがここではパラーダ（parada）という。どこのバス停留所でも乗車したり下車したりできると思うかもしれないがこれは間違いである。決まったバス停留所しか止まったりしないのである。何人かの待っている人に尋ねるしか方法はないようである。時刻表のようなものはない。運しだいである。最長１時間以上も待ったことがある。
　バスは運転手と車掌の２名でコンビを組んでいるようである。ワンマンバスというのが一般的な日本とは異なっている。バスの乗り降りであるが、前から乗車するのが多い、そして下車するのは中ほどもしくは後方である。料金徴収は前にあるときは乗る際に支払う。後方にあるときは下車する時に支払うようだ。バスによって異なると理解したほうが無難だ。
　さていろんな事件があった。バスが途中でエンストをおこし止まってしまった。運転手は携帯電話で会社へ連絡していた。しばらくしたら別のバスがやってきて乗客は皆乗

いろんな種類のバスがある。
緑色の公共のバスである。

り移った。2台のバスがしかも同じ会社のバスが続けてやってきたこともあった。時間にはおかげで寛大というかいい加減になってくる。そして予測できない。

グアグア guagua

15ペソでだいたい決まったコースを走っている。乗車するところと下車するところはどうやら乗客任せである。乗るときは手で合図をして止まってもらう。降りるときはここで降ろしてくれという。マイクロバスの大きさである。乗り物はきわめて古い。運転手と料金を集める車掌がいるがこれはコブラドール（cobrador）という。この車の走るルートは決まっているのである。そしてこの車はいつやってくるかこれは全くわからない。運転手次第である。そんな代物である。乗客の拾い方はコブラドール（車掌兼料金徴収者）がお客を探しながら路上に目配りをする。乗りそうな客を見つけると車をどんどんとたたいて停止を促すのである。その合図を元に運転手は停車したりする。もちろん交差点では必ず停車したり、バス停留所では停車してバスを待っているお客を拾おうとするのは言うまでもない。

前面ガラス窓に張られたルートを示す看板。RUTA37（ルート37）。

である。運転手にお金を払う。乗り降りの場所はグアグアと同じように乗客次第であるが、車両が小さな分機動力があってグアグアが走らないルートを走っているそして車両はさらに多い。運転手は乗りそうな客を見つけてその前でスピードを落とすのである。合図に呼応してすばやく停車する。そんな目ざといところがある。

> **ひとくち ALGO MAS**
>
> **オーデコロン** 大勢の人が小さな車に所狭しと乗る。当然蒸し暑いお国柄と肉食の多用による臭いはさもたまらんと思いきやそうでもなかった。年のせいで鼻が鈍感なのか。気になっていた。語学の授業の雑談で先生が教えてくれた。皆臭い消しにオーデコロンを使っているという。ときどき使っていない人がいると嫌なにおいがすることがあるそうだ。その日の授業の後、オーデコロンを買いにスーパーマーケットに行ったのは言うまでもない。

カーロプブリコ carro publico

　日本語訳は乗合タクシーである。市民の足といったほうがよい。定員は5人であるが最大7人乗っている。運転手

渋滞や信号で止まるたびに扉につかまり立ちで
乗っている乗客は足を地につけて休む。

を除くので乗客は前に2名、後部座席に4名乗せて走る。交通量の多い路線をほぼ直線的に一気に走るもので値段はいたって安い15ペソほどである。2010年1月から20ペソに値上がりした。もちろん運転手によりけりだが、最も目的地に早く行ける。と職場の同僚は言う。乗り降りは自由である。グアギータよりさらに小さいのでより多くのルートを持っている。残念ながらきれいな車にはなかなかめぐり合ったことは少ない。この車はちょうど日本の流しのタクシーと似ている。乗ろうとする客は手を上げて合図をする。大きく違うのは、お客を乗せるスペースがあるとき、つまり定員の7人に満たないときには、運転手（右側通行）が窓から左手を大きく上げて合図をするのである。この車はまだ乗れますよと言う合図である。降りるのは簡単である。大きな声で、ここで降りたいとか、次の交差点とか告げるのである。その都度言えばいつでもおろしてくれるのである。そして乗ったり降りたりするのは必ず右の扉からである。従って一番奥の人が降りるときには手前の人が一端降りてまた乗りなおすことになる。残念ながらJICA事務所からは禁止されている。この理由はきわめて簡単だ。この車両内で強奪の犯罪行為があったからである。

庶民の足、乗り合いタクシー。

無線タクシー taxi

一般的なタクシーで最も安全といえる。電話で呼び出す。料金はワンサービスで150ペソ。これは1箇所停車するごとに徴収されることである。ワンサービスワン料金とでもいうのだろうか。買い物に行って帰ってくる。往復で2サービス。2人で乗って、途中一人が下車してその後もう一人の自宅まで行く場合、2サービスのため150×2で300ペソとなる。最も安心して乗れるタクシーである。我々が最も見慣れた日本での普通のタクシーと同じ機能を持っているといえる。そしてこのタクシー、お気に入りの運転手からは名刺を頂き、次回からはその運転手に直接電話をして呼ぶことができる。私は赴任の2年間、重宝した。お抱えの運転手がいたのである。

ひとくち ALGO MAS

安心して乗れるタクシー？ ニューヨークをまねて観光客向けのタクシーを導入した。色を黄色に統一しニューヨークのイエローキャブを目指している。一度利用してみたが、運悪いドライバーに当たってしまったようだ。行き先に的確にたどれなく人に道を聞いてようやくたどり着いた。ドライバーの教育もお願いしたい。

モトコンチョ motoconcho

バイクの荷台に人を乗せて運ぶていのよいタクシーである。2人を乗せて運ぶこともあるようである。バス停留所から集落内への移動、他の交通機関がない場所、あるいは狭い道路で自動車が入れないところにも人を乗せて運ぶ。特に地方の小さな都市ではこのモトコンチョが一般的だ。私の経験では30ペソの情報だったものが実際に乗ったら50

ペソと言われ仕方なく利用したことがあった。帰路には100ペソと吹っ掛けられた。

　もちろんそのほかにも長距離バスがある。首都と地方を結ぶ国民の重要な交通手段でこれまで列記してきたものとは異質に感ぜざるをえない。すこぶる近代的だ。もちろん車は新しく手入れがされている。座席は全席自由だが定員以上載せることはない。リクライニングがついて、もちろんエアコンがある。時刻表もあって時間はすこぶる正確に運行されている。首都のサントドミンゴよりこの国第2の都市サンチアゴ（Santiago）までの快適な移動は約2時間である。ノンストップで240ペソほどだ。

ひとくち ALGO MAS

　ドミニカ共和国では一般に東洋人を総称してチーノ（Chino）と呼びかけたりする。大概悪意はないので過度に反応しないようにと注意を受けていた。当地在住の日系人などの功績もあってか対日感情は非常に良いと言える。私もよくチーノと声をかけられた。ボランティア仲間との雑談でもよく話に出ている。有る人は、過度に反応して私は日本人であると言い返す。無視する人。ニーハオと中国語で言い返す人など反応はさまざまである。東洋人の代表は中国人のようで10億人以上の中国にはかなわない。

カリブ海地域で最初の地下鉄
EL METRO

　これまでの赴任中さまざまな忘れられない出来事があった。この国にかかわった大きな出来事は地下鉄の開通だろう。長年の懸案だった地下鉄は私が赴任して3カ月後の年末年始にかけて運行を始めたのである。
　カリブ海の楽園、植民都市、コロンブスのまちに新たな宝物ができた。地下鉄がやっと開通したのだ。数度の開通日の変更の後、2008年の12月23日から1月6日まで無料で

地下鉄道の車両。

地下鉄の駅であることを表示する大きな看板。

市民に開放され、その後20日間程の休止期間を経て1月30日営業操業となった。運転は朝の6時半から夜の10時半頃までとなっている。距離は僅か14.5kmだが全部で16の駅がある。駅名はこの国に功績のあった人物の名前から取ってある。一番南はサントドミンゴ市役所特別区の庁舎近くである。この駅はセントロ・デ・エロエス（Centro De Heroes）といい、英雄たちの集まりとでも訳す名前、そして一番北は隣接するサントドミンゴ北市の住宅街までであ

地下鉄駅サントドミンゴ自治大学前である。駅名は「アミン・アベル」Amin Abelと言う。駅名と駅のある場所との関連性がないので慣れるまで大変だ。

地下鉄メトロの乗車カードである。名刺大の大きさでプラスチック製、課金ができるプリペイドカードである。

る。途中市域界のイサベル川を越える手前から地上の高架を走る。料金は20ペソで一律である。加金できるプリペイドカードで改札口を通過する。エスカレーターはすべての駅に具備されている。またエレベーターもすべての駅に備えられている。いわゆる最新のバリアフリー仕様になっている。

　さて、こうしたニュースはどの新聞の一面をも賑わすこの国にとって画期的な出来事である。さてどう書かれるの

近代的な自動改札口。

高架を走る地下鉄。赤と白のツートンカラーが鮮やかだ。

だろうかと興味津々であった。「カリブ海で最初の地下鉄がドミニカ共和国サントドミンゴで開通した」そんな見出しを想定していたが、そうではなかった。実は数年前にお隣のプエルトリコ（Puerto Rico）のサンファン（San Juan）で市営の鉄道が開通したのである。尤も、サンファンの市営の鉄道はすべて高架を走っている。私は、これは地下鉄ではないと思い、敢えてこの国のメトロを「カリブ海で初の」と言いたいのである。

　日本では一般に政令指定都市ではほとんどに地下鉄がある。地下鉄はパリではメトロ、ロンドンではチューブ、ニューヨークではサブウエイと呼ばれる。ここサントドミンゴはフランスのテコ入れで地下鉄ができた影響で呼び名はメトロと呼ばれる。

　私が最も心配したのは、かつてのニューヨークの地下鉄が犯罪の温床となって長く不評を買っていた。そんなこと

駅構内にあった「拳銃」のオブジェ。
そう言えばこの国は拳銃が目立つ。

を想定したのであるがどうやらそれは徒労に終わりそうである。至る所に配置された警備員あるいは電車内の警備員が乗客の安全に目を光らせているからである。

　開通前からそして開通直後も新聞やマスコミ等が大きな心配の種として２つのことを書きたてていた。

　一つはこの国特有の停電問題である。ここでは停電は日常茶飯事である。信号までもが停電の犠牲になっている。大きな交差点で南北の車両と東西の車両とが交錯しそれを整理する交通警察官の姿を何度も見たからである。市民に十分な電気が供給できない中で地下鉄の電気がまかなえるだろうかというのだ。

　もう一つの心配は、大都市ではあまり想像できない道路の冠水である。雨期になると道路のあちこちで冠水が見られる。どうやら排水がうまく機能していないらしい。雨期には街の中心でも冠水し、歩行者の通行を妨げ、あるいは、車が川のようなところを通行している光景に何度も出くわした。きっと地下鉄内は水浸しで電車が止まるのではと危惧されるのである。

　とにかくいろんな心配が頭をよぎった。ちょうど１年以上が経過して様子をつぶさに観察しているがそんな心配はとりこし苦労に終わりそうでほっとしていると言うのが正直な感想である。私の任期中には起こってほしくない光景である。

ひとくち ALGO MAS

強盗対策　テニスの練習中に置いていた靴やカバンを盗られた。数個のカバンを持っていかれたが、唯一残ったのは朽ちたカバン。中に入っていたのは財布やカメラに携帯電話などであるが、ここでの教訓はカバンである。高価そうなカバンは禁物なのである。

私の趣味は「KENDO」である
KENDO DOMINICANA

　建築と関わって40年近くになる。剣道との関わりもそれと同様に長い。

　私と剣道との出会いはいささか不純である。齢(よわい)を重ねてもできるスポーツ、そう、老いても楽しめるものは何か、それは剣道である。そう思っていた。若いころより研鑽を積み4段までの経験と齢を重ね、密かに特技と称していたものである。自分が実際に齢を重ね60歳近くになるとハードだ。剣道は格闘技なのである。歳を取るとスポーツは、やはりやりづらい。これは正直な気持ちだ。

　縁あってJICAのシニア海外ボランティアとしてドミニカ共和国で都市計画の指導で暫く滞在することとなった。

　この制度は、青年海外協力隊の名称で広く国民に知られ

日本国大使の子息が剣道を再開したいと家族で訪れた。

30年以上の歴史を持つが、40歳から69歳までのシニアにも開放されるようになった。否、高齢化のため青年の概念が延長されたというほうが相応しい。

今回、同じように過酷な訓練を受けた200名を越すボランティア（20-2次隊という）の中に剣道の指導でしかも私と同じドミニカ共和国に赴任する達人がいる。

シニア海外ボランティアには多くの職種があるが剣道や柔道はスポーツ隊員と称される。剣道ができてスペイン語ができるそんな稀有な人にめぐり会ったのである。

七段教士の資格をもつ米倉さんは私と同じように趣味で始め、いまや特技となり、その特技を生かして、この国の剣道のレベルアップに貢献しようとしている。彼の本職は元建設省の土木の技術者である。私の本職建築とは大変近い。

Japón envía a RD Técnico de kendo

ALIPIO MOTA NINA
SANTO DOMINGO

La Agencia Cooperación Japonesa (JICA) envió a la Federación Dominicana de Kendo un entrenador altamente capacitado en busca de elevar el nivel de ese deporte en el país. Así lo reveló Reinaldo Castro, presidente de la Federación de Kendo y de la Liga de esa disciplina en la Uasd.

Al ser presentado, Toshiharu Yonekura dijo que estará en el país por unos dos años, en el interés de los atletas criollos hagan un buen papel en el mundial de kendo que se hará en agosto del próximo año en Sao Paulo, Brasil. El técnico dijo que aquí hay buen material.

Toshiharu Yonekura

剣道レベル向上に日本から専門家が来たことを伝える地元の新聞 El Deporte エル・デポルテ（2008年11月3日）。

そんなご縁があって、仕事の関係と、健康的な理由で暫く遠ざかっていたが久しぶりに竹刀を握ることになった。
　さて、このKENDO、世界大会が開催されるようになってもう13回を数える。最近行われた2006年の台北での世界大会ではドラマがあった。それまで連続優勝を重ねて来た日本が優勝を逃したのである。日本はこの結果と引き換えに世界のKENDOへバトンタッチしたのである。
　ちょうど1964年の東京オリンピックの柔道無差別級でアントンヘーシンクに優勝をさらわれた。そのことと記憶がダブルのである。
　このドラマチックな大会にドミニカ共和国は初参加の栄光を手にした。次の大会は3年後の2009年ブラジルのサンパウロで開催された。日本は優勝を奪還するのだろうか。ドミニカ共和国はどんな活躍をするのだろうか？私の興味は尽きなかった。
　そして、私の赴任中にあったブラジルでの第13回世界大会は日本の完全優勝で幕を閉じた。男子団体と個人、女子団体と個人、すべて日本人が優勝したのである。気になるドミニカ共和国は予選敗退で誰一人として1本も取れずに完敗した。同時に行われた昇段審査会で多数の有段者が誕生したのはうれしい。将来に期待しよう。

ひとくち ALGO MAS

　囲碁友達を探した。大勢の日本移民がいるので私の好きな囲碁をしているドミニカ人を期待したが見つけることは出来なかった。日系2世や3世にもいなかった。シニアボランティア仲間に思いがけず囲碁友達ができた。

お祭り騒ぎの総選挙
EL VOTO

　5月16日（2010年）に国会議員の上院32名と下院150名、日本ならさしずめ衆参同日選挙が行われた。さらに同じ日に各自治体の首長選挙（市長や町長である）。そして市議会議員選挙も併せてである。総勢4,036名の国会議員に地方議会議員そして市長等が誕生した。翌日17日の月曜日は何故か突然、休日となった。新議員誕生を祝っての祝日である。数日前からの選挙運動はお祭り騒ぎであった。カラフルな旗やポスターとともに各地で宣伝活動が活発に行われた。

　大統領や特別区の市長等、多数派を占めるのはPLD（ドミニカ解放党）で紫色、対立するのはPRD（ドミニカ革命党）で白色である。投票は名刺サイズのプラスチックでで

大きな看板が街のあちこちに見られた。
市長候補者である。

きたIDカードで、これが日本ならさしずめ投票所入場券である。投票の仕方はユニークだ。各候補の顔写真があるので、自分が支持する候補者に×印を付けて支持もしくは投票の意思表示をする。識字率が高くない国ならではの工夫がみられる。因みに選挙権は18歳以上である。軍隊関係者は投票できない。

特に今年の選挙は、憲法改正があって4年の任期は特例で2016年までの6年となるから皆必死である。

そして直接選挙の大統領選挙は中間年に行われていたが選挙はみんなまとめてやってしまうという憲法改正があって2016年から統一して行われる。因みに大統領選挙は2008年に行われ現職のレオナルド・フェルナンデス（Leonard Fernandez）が当選した。任期は2012年までの4年であるが、その次の大統領選挙は2016年で国会議員、市議会議員、首長選挙とすべての選挙が同じ日に行われる。

さて、気になるのは投票率だが50％だった。これだけ熱狂した選挙、さぞかし高いと思ったが余りにも低いのでびっくりした。中間年に行われる大統領選挙は投票率が少し高いようだ。

選挙で首長が変わると職員がすべて変わると聞いている。この国ならではの光景だ。職員が仕事中に選挙人に電話投票を呼び掛けている。ある職員は候補者の事務所に詰め切

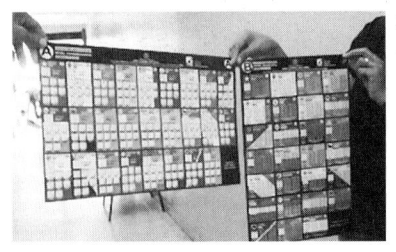

大きな投票用紙である。政党によって色分けがしてある。

りだ。職員も必至だ。
　そして、サントドミンゴ市特別区の市長は再選された。やれやれ。

ひとくち ALGO MAS

　PLDとPRDは、この国の2大政党である。PLDはPartido de la Liberacion Dominicanaの略でドミニカ解放党と訳している。党首は現大統領で与党である。PRDはPartido Revolucionario Dominicanoの略でドミニカ革命党と訳している。日本では自由民主党は英語でLiberal Democratic Partyと言い、民主党をDemocratic Partyと言う。それぞれ省略して「自民」「民主」と言うが日本語を知らない国の人が見たら似たような字がどちらも使っているので同じように見えるだろう。この国も一字違いの2大政党が争っている。因みに、アメリカはRとL（共和党と民主党）である。Republican PartyとDemocratic PartyしかもこのRとLは日本人には発音しにくい。

だれもがどこでも携帯電話
EL TELEFONO

　携帯電話を買った。オレンジというメーカーである。こちらでは携帯電話が広く普及している。たしか400ペソで無料の通話料が100ペソかついていたように記憶している。携帯電話はかくも大勢の市民が利用している。

　使用料であるが、日本へは、1分21ペソで分刻みで課金される。市内通話は1分6ペソである。こちらの課金は秒単位である。1秒0.1ペソである。使い切ると使用できなくなる。そのために100ペソ単位で売っているカードを購入してチャージする。カードの裏面に番号があるところを削ってその番号を所定の手続きをして登録することによってチャージされる仕組みである。このプリペイドカードはいたるところで売っているので簡単に利用できる。

　日本での私の愛用の携帯電話はauである。この携帯電話はすこぶる便利である。番号もそのままで海外でもそのまま利用できるからである。何も手続きをする必要もない。携帯電話で行った国に切り替えるだけである。難点は、誰から掛かってきたかわからないことである。そして、こちらから日本の友人等に掛けても相手には番号等が表示されないのでだれから掛かってきたかわからず受話器に出てもらえないのである。もちろん、掛けることに法外なコストが掛かったり、受けてもコストが掛かることは旅行等で一時的に使うという点ではさほど大きな問題ではないと思う。私は、それまでの旅行では随分と重宝したものである。

　今回は少し異なった。2年間と言う赴任期間中に安全管理のためそれぞれのボランティアは携帯電話を持たされている。否、持っているのである。毎月一定の時間内は使用

可能である。番号登録をしておけば名前が表示されるのでより便利である。何も電話だといってあわてて受ける必要はないからである、後日必要ならば掛け直せばよいからである。

　自宅の電話は、住宅の申し込みと同時に電話も申し込むが日本と違って番号表示される電話機は一般的でない。番号が表示される電話は見たことがなかった。

　住宅の電話であるが市内通話が1分あたり4ペソ程だった。困ったのはよくおこる間違い電話だ。相手も不明で呼び出し音だけで夜中に起こされたこともあった。

　私の勤務した職場、市役所の電話もまだ番号表示の電話機は普及していない。ファクシミリは一般的に普及しているが余り使われているようには思えない。

　インターネットの回線を利用した電話「skype」は大変便利だった。日本への電話が僅か1分2円ほどで掛けられる。携帯へは少し高めで1分15円ほどだった。そしてさらに驚いたのはお互いがskype同士だと無料である。おまけにこの電話、動画まで送受信できるとあって大いに重宝した。相手の顔を見ながら話ができるのである。無駄話に時間を忘れて話しができる。こんな便利な道具もインターネットが使えない環境では台無しだ。

　よくおこったわけもわからず切れたインターネットの接続、頻繁にしかも突然起こる停電、これが大きな問題だった。

ひとくちALGO MAS

　パソコンがおかしくなって途中修理に出した。どうやら海外で使用すると狂ってしまう。赴任前に人づてに聞いていたことが現実となった。頻繁に起こる停電と安定しない電圧が原因のようだ。対策に電圧安定装置を購入している人もいるようだ。

日本より普及しているクレジットカード
LA TARJETA

　着任早々銀行カードを再発行する羽目になった。そんな苦い経験にもめげず私はよくカードを利用した。
　スーパーで買い物をする。レストランで食事をする。兎に角この国ではカードが広く普及しているのである。公共料金はもちろんカードでの支払がごく一般的だ。そして、カードはデビットによる支払で残高がないと支払できない。
　米国の銀行口座の開設は着任前に済んでいた。現地での生活費等はドル建てで所定の米国の銀行に振り込まれる。そして現地で小切手を換金することによってやっと現地通貨のペソが手に入るようになっている。私はそれをほとんど現地の銀行に預ける。さてその銀行は名前がbanco popularさしずめ日本語に訳すと「人民銀行」と誰かが命名した。
　そして、任国について真っ先に行われた一連のオリエンテーションで、銀行口座の開設があった。口座を作ってカードをもらうのである。そして通帳はない。自分で必要な時に記帳といって、銀行へ行って入出明細を印刷してもらって確認するのである。私は通帳代わりに印刷した入出明細を所持していた。
　銀行のカードは万能である。必要な現金を必要な時に引き出す。街中にはいたるところに現金引き出し機ATMもしくはCDがある。
　お金は、トラベラーズチェック、現金主義、カード主義と3つに分かれるようだ。私はもちろんカード派だ。
　クレジットカードはもちろん現金を持ち歩かないので盗難にあうことはない。あっても誰もそのカードを使えない。

現金、言わずと知れた何処でもだれでも通用するので使い勝手は一番よい。トラベラーズチェックにして持っていくことは、残念ながらこの国ではほとんど使用できなかったようで利便性に優れているとは言い難い。
　最初にオリエンテーションで説明を受けたカードの使い方を素直に従った。カードが出てこないで再発行となった。CDでのお金の出し入れに果敢に挑戦した。カードを入れる。暗証番号を入力する。入用の金額を入力する。お金が出て来る。レシートが出てくる。カードが戻ってくる。そんな説明を受けたがその通りに事が運ばなかったのである。
　未知なる国で如何に安全で確実にお金を管理するかは重要なポイントである。米ドルを現地通貨に両替する。以来、機械は気まぐれだった。本当に千差万別だ。押した額面通りの金額が出て来ない。もちろんレシートと出てきた金額は一致していた。ATMの機械の中に持ち合わせのお金がもう無くなってしまったようだ。1,000ペソもしくは2,000ペソを出そうとしたら、500ペソ札が数枚出てくる（ATMには、500ペソ札しか出てこない機械のようだ）。
　お金は出てきたが、レシートが出てこないことがある（紙がないのでレシートが打ち出せないのだ）。
　カードを入れ、暗証番号を押して、金額を押して、そのあと何も反応しない機械があった。そのまま立ち去ったが不安だった（機械が故障しているのだ。あるいは、引き出せる最高金額が決まっているので、規定額以上に出そうとしたからのようだ）。
　100ペソ札が欲しいときに100ペソの引き出しを3回とかしたこともある。
　いつの間にやら身に覚えのない入金が口座にあった。得をした。そんな人がいた。兎に角慣れるまで大変だった。

日本にもなじみのスペイン語
EL ESPAÑOL

　スペイン語は世界でもっともよく話されている言語のひとつである。国際連合の公式言語は6つあるがそのうちの一つでもある。世界中で3億人以上の人々に話されている言語は、21の国で公用語として位置づけされている。中南米がほとんどを占めているが、珍しいところではアフリカの赤道ギニア共和国（República de Guinea Ecuatorial）という国も公用語はスペイン語である。もちろんヨーロッパのスペインは言うまでもない。21の国にはアメリカの統治国プエルト・リコ（Purto Rico）も含めている。他には公用語ではないがアメリカにはいわゆる中南米からの移住者が多くこれらの人々も含めると4億人から6億人もの人が話すといわれる。これだけ広く知られた言語であるが日本人の英語偏重教育もあってか私にはなじみが薄かった。

　サッカーのチーム名にはスペイン語に由来するものが多いことに気付いた。東京ベルデの「verde」は緑色、私の好きなセレッソ大阪の「cerezzo」は桜である。結構身近な所にスペイン語はあるものだと思う。

　車の名前にもよくつかわれている。「ミラ（mira）」は、ほら、とか見る、あるいは見なさい、見てくださいと言う意味である。「タント（tanto）」もそうである。十分にと言う意味である。「ムーブ（muvu）」動くと言う意味である。語感がいいのと綴りからちょうどローマ字読みにそのまま簡単に読み取れる点も日本人にはなじみが深いのかもしれない。エルニーニョ現象もその元はel niño（子供）から来ている。アメリカ合衆国の有名な都市ラスベガスはlas vegas（女神たち）だ。

スペイン語には男組と女組がある。男（otoco）はオ-oで終わる。女（onna）は-aで終わる。もちろん例外があるがこれが基本だ。edificioは「建物」の意味で-oで終わるので男組、casaは「家」の意味だが、-aで終わるので女組。英語のようにsun（太陽）は女性で代名詞はshe、moon（月）は男性で代名詞はheと言う一般的なイメージでないところが面白い。
　冠詞が男組ではel、女組ではlaがつく。la copaとel vasoいずれもコップの意味である。手帳はla agenda、ノートはel cuadernoとなる。油はel aceite、ガソリンはla gasolinaである。ホークがel tenedor、ナイフがel cuchillo、スプーンがla cucharaである。英語を基本の外来語であるが全く語感すら異なる。使用頻度が高いのによくこんがらがって困った。頭がくちゃくちゃになったのである。これら3点セットはlos cubierutosと言うが日本語にはない。
　似たようなものでも男組になったり女組になったりする。その物を思いイメージから連想する男性女性とは全く無縁である。
　こんなルールがあるので女性にするなら名前はMariaやAnaのように末尾が-aとなる。これが男性の名前では、Marioと末尾は-oとなる。ミキオは男の子に付ける名前、もしこれが女の子ならミキコ、日本語も似たようなことがあると妙に感心した。そういえば爆発的な人気のあった「スーパーマリオ」というファミコンのゲームの主人公は男の子だった。妙なところで納得した。余談であるが、アントニオ・ガウディ（Antonio Gaudi）の母の名前は、アントニア（Antonia）と言う。
　建築家も男性はarquitectoで女性はarquitectaとなる。弁護士は男性がabogadoで女性はabogada、医師は男性が

medicoで女性medica、公務員は男性がfuncionarioで女性がfuncionaria、技師も男性がingenieroで女性がinngeniera、そして旧来看護婦と呼ばれた職業は男子の進出によって看護士ができたが、総称は看護師となった。これもスペイン語ではenfermeroとenfermeraで単純明快だ。

　名前の付け方であるが、第1の名前と、第2の名前というように2つあるのがふつうである。そしてこれは当然だが名字は2つある。母方の姓と父方の姓である。そして第1の姓は父方である。従って子供は父方の姓を受け継ぐのである。こうした点では男性中心の社会といえるかもしれない。

　英語で最初に習ったのは、This is a pen.（これはペンです）だった。私はこれまでこんな風に使ったことはないと記憶している。翻って、スペイン語で最初に習った言い回しは、Me llamo Mikio.（私の名前はみきおです）だった。この言い回し何回言ったことか。私は使えるスペイン語を習得しよう。そんな思いでスペイン語を学び始めた。

　そして悩まされたRとL。オラhola（挨拶で使う）、オラhora（時間）、オラora（祈る）、オラola（波）、挨拶では参った。毎日声かけしていた親しくなった者同士の挨拶オラがどうも私の発音は時間のhora、もしくはお祈りするの意味のoraと発音しているようだと気づかされたのは随分と経ってからだった。以後RとLには極力意識して発するようにした。

　帰国して1年、スペイン語の習得の成果にスペイン語検定に挑戦した。4級が認定された。

紙幣にまつわる話
EL BILLETE

　発展途上国ではお札はことのほか汚い。その謎が解けた。
　お金、特に紙幣は財布に入れて持ち歩く習慣はなさそうである。その理由としては、盗難がある。いかにも私はここにこれだけの大金を持っていますよという風なお札の出し方は感心しない。支払いには決して財布からお金を出して支払わないように、との注意を受けた。盗難にあわないようにするには、ポケットからお金を出して必要な額を支払う。つまりむやみやたらに財布を持ち歩かないようにしなさいというのが強盗等に遭遇しない秘訣である。そういえばみんなお札はそのまま素手で扱っている。そんなことに要因がありそうである。
　この紙幣や硬貨にはその国の文化を示す建物や人物が採用されている。建物が建つ土地の風土を如実に表す建物が採用されることが多い。
　国家的な歴史建造物であったりすることが多い。もちろんデザイン面だけでなく機能も忘れてならないのは言うまでもない。
　日本では、代表的な宇治の平等院は10円硬貨のデザインだ。よく見なれた稲穂は1円硬貨に採用されている。
　2,000ペソ紙幣は国立劇場、1,000ペソ紙幣は大統領官邸とアルカサルデコロン、500ペソ紙幣はもっとも頻度の高い紙幣で買い物やスーパーでよく見かける。
　200ペソ紙幣はミラバル3姉妹、100ペソ紙幣はコンデ門と独立の英雄3名、50ペソ紙幣は大聖堂とイグエイの教会と全部で6種類の紙幣が発行され流通している。
　任期も終盤に近づいた頃だった。新しい紙幣が登場するというニュースがあった。そしてニュー紙幣が登場した。20

ペソ紙幣である。硬貨を発行するより安価で済む。というのが本当の理由らしい。25ペソの硬貨があるのに20ペソ紙幣とは、私はいささか違和感を感じた。

さてその硬貨であるが、25ペソ、10ペソ、5ペソ、1ペソと4種類ある。公共交通機関などによく利用される使用頻度の高い硬貨が発行されているそんな気がする。

ひとくち ALGO MAS

貨幣はドミニカペソ、自由相場制で米ドルと見事に連動しているというか調和している。2年間ほぼ1ドル3.6ペソだった。この間1ドルは110円から80円の間を変動した。円からドミニカペソへの交換はないので2.5円から3円ほどまで幅があったということになる。有る友人は南米の某国であるが、赴任の2年間で2割ほど通貨が変動した。2割も上がり使い勝手が増えた勘定になったというのである。

　　　＊　　　＊　　　＊　　　＊

チップはこちらではプロピーナ（propina）と言うが、結構ややこしい。というのはアメリカほど一般に流布していないからである。料金に含まれている場合がある。そうした場合は不要だ。もし差し上げるなら1割ほど見ておけばよいだろう。常識はアメリカを習っている。

　　　＊　　　＊　　　＊　　　＊

消費税は10％、それにサービス税が16％あって、ホテルでの宿泊、レストランでの食事などは余分に2割から3割は覚悟しておかなければならない。

　　　＊　　　＊　　　＊　　　＊

USドルもみられる流通通貨　市内で流通しているのはもちろんドミニカペソだが、ときどき見られるのはUSドル。自動車の販売価格にUS＄3000などと表示されていたりする。米国の影響が大きいのはもちろんだが政情経済とも不安定であることも一因だ。ちなみに私のアパートの家賃は毎月の支払はUSドルによる。

ミスワールド1982年
LA BELLA MUNDIAL

　1951年は私の生まれた年であるが、この年は同時にミスコンの誕生年でもある。世界一の美女を決める大会、ミスワールドのコンテストが最初に開かれた年でもある。優勝したのはスウェーデン代表である。翌年の第2回でもスウェーデン代表が優勝した。そんなことがあってか、美人の代名詞となったスウェーデンを随分と前に訪れたことがある。なるほどと妙なところで頷いてしまう。このミスワールド、以来毎年開催されており世界を代表するミスコンテストである。

　そして1982年、ドミニカ共和国出身のマリアセラ・アルバレス・レブロン（Mariasela Alvarez Lebron）が優勝した。もちろんドミニカ共和国初である。

　ミスワールドのドミニカ共和国！　そんな期待と夢をもってドミニカ共和国での生活が始まると思い内心わくわくしたものだった。

　そしてこのミスワールドには、いまだかつて日本人は優勝していないのである。2007年アジアで初の優勝者が出た。中国の代表「張梓琳」である。美人のイメージからは程遠いアジアに光明がさしたと言うとしかられるだろうか。

　よく似たものにミスユニバース、ミスインターナショナルがある。ミスワールドを含め世界三大ミスコンテストと呼ばれ、それぞれ独自の歴史を持つが最も古いのがこのミスワールドである。

　こうしたミスコンの最近の上位常連は中南米ではベネズエラである。ある友人いわくこの国の国策は美人の輩出だそうである。

因みに日本人は1959年に児島明子が、2007年には森理世がミスユニバースで優勝している。

ひとくちALGO MAS

チャカバーナ（Chacabana） 日本では着物、韓国ではチマチョゴリ、ハワイではアロハに相当する。この国での正装である。色は白で長袖や半そでがある。胸にはポケットが左右にある。その下にもあり合計4か所ある。ちょうどカッターシャツのようである。土産に買おうと専門店に行くと白以外に、紺やピンクなどの色ものがあったのには驚いた。

トルヒージョ（Trujillo） ラテンアメリカで最も完成された統治政治を敷いた独裁者として知られる。1961年に暗殺されるまで31年間の独裁政治はつとに有名で日本の移住問題にも微妙に暗い影を落としている。

帰ってきた扇子
LO VOLVIDO

　クリストは正直な男だ。
　彼の名はクリスト（Cristo）。タクシー運転手の彼はいつも聖書を傍らに持っている。また彼の名前は英語読みではクライスト、つまりキリストからきているそうである。そんなこともあってか敬虔なクリスチャンでもある。
　初めて利用した時のことは今も鮮明に記憶に残っている。タクシーの料金はそのサービスごとに徴収される。1サービス150ペソが基準だ。少し距離が長くなると200ペソと言われたりすることもある。また反対に短い場合には140ペソに割り引いてくれることもある。ドミニカ共和国のJICA事務所からMさん宅によって、自宅まで戻った時に数百メートルのMさん宅から私のアパートまでは140ペソだった。
　そんなことがあって、それ以来帰国するまで重宝して来たのだ。誰かにタクシーを呼んで欲しいと言われた時に紹介したことがある。友人にも勧めた。その結果、Oさんの仲間が来たときに利用したらしいが、その中の一人が日本から持ってきた扇子をタクシーの中に置き忘れたようだった。もう戻ってこないと思っていたが戻ってきたのだ。
　異国で物を置き忘れると、ほとんどの場合戻ってこないことが多い。すっかり諦めていた扇子であるが、私は彼のタクシーをいつものように利用した。「誰かがこれを忘れたようなんだけど、君の友人ではないのか」と言って扇子を差し出した。話を聞いて心当たりのあるOさんに尋ねその扇子の持ち主に届くことになった。持っているものさえも強奪される始末の国での温かいほっとする話である。
　そんなこともあってか、彼の自宅に招かれ食事をごちそ

うになったこともある。彼は、また、料理が得意で、われわれのために手料理で御馳走してくれたのである。

ひとくち ALGO MAS

　日本ではごく当たり前に食べていた熱々のご飯への生たまご、同期の仲間数人から警告を受けた。新鮮度に劣るので日本のように食するのはまずい。と言う。日本へ戻ってからもなぜか生の卵を食べる気にはならなかった。
　　　　＊　　　＊　　　＊　　　＊
　シガラテは白身の魚であるが、毒がある。熱を加えても取り除けない。周りを海に囲まれた島国であるが魚は好んで食べる習慣はない。日本とは似て非なるところである。その原因がこれだ。魚を食べるのが怖くなる。
　　　　＊　　　＊　　　＊　　　＊
　この国では水道の水は飲めない。飲み水はペットボトルを購入するが、一般市民はそれの大きなペットボトル瓶を購入して使用している。5ガロン（約20リットル）入っているが場所にもよるが値段は40ペソ程である。

建築士の免許証
ARQUITECTO/A

　最近、建築士の免許証の交付申請をして免許証を手に入れた。車の免許証のようでカード型なので持ち運びに便利だしこれはいけると思ったが、どうやらこんな思いは私だけのようだ。

　旧来のＡ４サイズの大きな免許証の方が映えるらしい。設計事務所などでは事務所や入口の所に「たしかに私は１級建築士です」と飾ってある代物で、こうしたことに慣れ親しんだものからすると、簡便で小さな免許証はその大きさだけでなく中身もなんとなく軽薄のようである。

　ここ、ドミニカ共和国での建築士の制度は少し勝手が違う。ずっと前から名刺大のカードサイズの免許証が当たり前なのである。

　ここでは建築士、建築家はアーキテクトarquitecto（男性）、アーキテクタarquitecta（女性）で総称する。大学の建築学５年間を修めて、１年経過後建築家の称号申請をして得られる。そんな仕組みである。試験がないところは日本の建築士の制度とは若干異なるが大学の卒業が極めて難しい欧米の制度を習っているのである。

　参考に他の学部の大学での修業年限は、医学部は６年間、また文学部、教育学部は４年間である。

　医者や建築士の社会的な地位は日本と比べ大変高い。最も高いのは政治家だが…。それはともあれ、ここサントドミンゴ市役所特別区の市長の片腕は２名の技術者であるがここではインヘネロ（injenero）とアーキテクト（arquitecto）がいる。それだけ重宝されているのである。

　彼らの役職には部長、課長の肩書以外にarq.（arquitecto

の省略)、建築家を使う輩が多い。私の勤務したサントドミンゴ市役所特別区の都市計画局都市計画指導室は課長を含め6人で構成されていたが、学生でまだ建築家の資格のないもの2名を除き全員建築家arq.の肩書だった。

ひとくち ALGO MAS

ドミニカ共和国でUASDといえば大概の人が知っている唯一の国立大学である。サントドミンゴ自治大学(Universidad Autonoma de Santo Domingo)と訳す。学生数20万人、日本で最大の大学は日本大学であるが約12万人と言う。その規模の大きさが想像できるだろう。修業年は学部により異なっている。医学部は日本と同じく6年だが、建築学部の修業年は5年である。

国民的歌手フアン・ルイス・ゲラ
JUAN LUIS GUERRA

　私はこの名前を忘れないだろう。配属先へ通い始めて間もないころはスペイン語もよく聞き取れなかった。言っている言葉がよく理解できなかった。フアン・ルイス・ゲラ、フアン・ルイス・ゲラと何度もそんなな言葉が出てくるのである。そしてやっと国民的歌手の名前と理解できたとき、この国の文化を知るために次の日職場の同僚に助けてもらいながらあちこち電話をし、切符の購入を試みたがもう売り切れだった。フアン・ルイス・ゲラがサントドミンゴでコンサートをするという情報だった。
　以後2年間そういえば街中でもTVでも彼の姿はよく見た。この国が生んだもっとも有名な歌手である。私は音楽や踊りには疎い。そんなこともあってかこの国で盛んな踊り、

Música

Juan Luis Guerra, a Japón

Juan Luis Guerra actuó ayer en un macroconcierto en México junto a David Bisbal y otros artistas. También declaró que está entusiasmado con su participación en un festival latino que tendrá lugar en Japón.
"Tengo dos años intentando comer sushi en Japón", bromeó.
Juan Luis participará en la decimotercera edición del Boderless Music Festival Isla de Salsa 2009, el 9 de agosto, en Fukuoka (sur), y posteriormente en Tokio el día 11.
Preguntado sobre su dominio del japonés, el dominicano respondió, sonriente: "Arigato". Ahí empieza y acaba su maestría en el idioma.

El dominicano visitará la capital nipona el once de agosto.

国民的歌手フアン・ルイス・ゲラ Juan Luis Guerraが日本へ行ったという記事である。

メレンゲ（merengue）やバチャータ（bachata）には未だもってよくわからないのである。

　彼は、私の任期中に日本へ音楽活動で訪問した。日本へ初めて訪れた。その地は何故か福岡である。そしてドミニカ共和国へ戻って作曲した歌がラテンアメリカで注目を浴びているという。歌の名は「Bachata en Fukuoka」「ありがとう」などの日本語の言葉をそのまま使っていて、なんとも不思議な歌である。

　メレンゲやバチャータなどというこの国独自の音楽を代表する、日本で言うならさしずめ「演歌」とかいうのだろうかと思う。

　メレンゲは、ドミニカ共和国発祥のオリジナル音楽である。4分の2拍子のリズムが基本となって早くて軽快なリズム、踊りもくるくると早い速度で男女が回ることから、その様子が卵白と砂糖でケーキのメレンゲを作るときのかき混ぜ方に似ているのでそう呼ばれるようになったという説が有力である。乗りのよいリズムが心地よくダンスとともに楽しむ。ディスコがとても盛んで人気バンドのライブが常にどこかで行われている。

　バチャータは、サックスが入らずギターの音色を前面に出した音楽である。いずれにせよ全国民が音楽とダンスが趣味と言う。私はこの点ではドミニカンにはなれないと思ったものである。

コンビニとコルマド
EL COLMADO

　雑貨屋である。パン、牛乳、バナナ等の果物はもちろんビールにコーラ、そして飲料水など日常生活に必要なもの大概のものが揃っている。生活必需品を住居地の近くで得られ、椅子などが置いてあってその場でおつまみを買ってビールを飲んだりすることも可能だ。この場合コルマドと区別してコルマドン（colmadon）と呼ばれる。簡易の飲食店である。
　私の仕事に関係する都市計画の、用途規制の観点からすると、大変な迷惑施設ではある。夜中の騒音とたむろする酔っぱらい、道路まではみ出た机と椅子ははなはだ迷惑な代物である。
　その反面、利用者にとってはこの上ない便利な代物であ

市街地にある一般的なコルマド（colmado）である。

る。どんな用途規制の地区にでも建築可能なのである。

　このコルマドに匹敵するのは、日本ではさしずめコンビニではないかと思った。自宅の近くにあって、品揃えが豊富だ。日本での私の居宅からは僅か１分のところにコンビニが開店したのは赴任中だった。コンビニエンスストアーの省略ですっかりなじみになった、生活に定着した小規模店舗であるが、新聞、おにぎり、はがきなどが販売され本当に便利である。コピーができたり宅配便が送れたりもする。最近では銀行のATMもあって利便性この上ない店舗である。しかも24時間開いている。

ひとくち ALGO MAS

　現地の語学学校に通った時の先生のアナ（Ana）はかわいい動物を飼っていると言っていたが、その表現は、犬や猫を思い起こさせた。よく聞いたらやもりだった。自宅に飼っているペットのように話をしたのである。以後私はヤモリをこれほどだいじにしようと思ったのは初めてだった。ヤモリを殺したり追っ払ったりするのはやめた。共存に努めた。壁を徘徊する小さな虫や蚊を駆除してくれるのである。

　ドミニカのゴキブリ　ゴキブリには悩まされた。大きくて飛行する。この国では、随分と進化している。そのせいか殺虫剤は強力だ。小さい頃よく使った殺虫剤をおもいだした。匂いが強烈でいかにも効きそうな代物だ。

『協力の中の青春』より
シニア海外ボランティアレポート

プロフィール

　長年勤めた地方の小さな都市での公務員生活を早期勧奨退職制度を利用し退職した。子供達の就職、身近な人の死、後進の育成などあった。"海外で働きたい"学生時代の夢がシニア海外ボランティアへの挑戦で実現でき嬉しい限りだ。

　建築の技術者としていろんな仕事に関わった。若いころは営繕業務が多かった。晩年は許認可業務に従事した。一言で言うと建物が計画され建設され使用される、その過程の中の仕事に従事した。そんな経験が役に立てればさらに嬉しい。資格は一級建築士、建築主事である。

活動している国の地域や気候や文化の紹介

　ドミニカ共和国はカリブ海に浮かぶイスパニョーラ島の東半分以上を占める。面積は約4万8千km²、九州を一回り大きくしたものである。西には最貧国ハイチがある。ラテンアメリカと言うとサッカーを思い出させるがここでは、野球が大変盛んだ。そんなこともあって大リーグにはドミニカ共和国出身のプレーヤーが多い。最初の印象はミニアメリカ、そう思った。人々はラテン気質でいたって陽気だ。メレンゲやバチャータに代表される音楽や踊りが大変盛んである。人種的には混血が4分の3を占める。気候は亜熱帯気候である。人口は約900万人、公用語はスペイン語である。

活動や生活について

　私の指導科目は都市計画である。よく聞かれる、「都市計

画ってどんなことをするのですか。」には、「都市計画とはまちづくりだ。」と答えている。人が人として暮らしていく町はどのようにすれば快適で住みやすい町になるのかそのしくみをつくり守っていくことだ。

　ここサントドミンゴ市は大きな都市である。人口250万人、面積1,400km²を擁するカリブ海地域でキューバのハバナについで大きな都市である（否、あったと言った方が正しい）。都市への人口集中は年々ひどくなっておりこの都市圏には全体の三分の一から四分の一もの人々が暮らしている。そんなサントドミンゴ市は2002年5つの都市に分割された。政府機関も多く最も都市化の集中した地域をサントドミンゴ市特別区として位置づけた。そして、その周りの都市を、サントドミンゴ北市、サントドミンゴ東市、サントドミンゴ西市、そして一部をボカチカ県へと5つに分割された。私の配属先である特別区は人口94万人、100km²である。そして全体で、サントドミンゴ都市圏と称している。今ここで急がれるのは、都市計画に関連する法律の整備である。私はそのための指導に赴任している。

高架を走る地下鉄、川の上を横切る地点から地上の高架を走っている。

2008年の8月選挙で当選し2期目となった市長は、2015年のサントドミンゴ市の将来像という都市戦略を掲げている。お手本はニューヨークのようである。
　ここサントドミンゴに着いていくつかなじみのあるとおりの名前にほっとした。東西を貫く幹線道路は、ケネディ（ジョン・エフ・ケネディ）通り、ワシントン（ジョージ・ワシントン）通りと称する。また、南北に走る通りは、リンコン（エイブラハム・リンカーン）通り、チュルチュル（ウインストン・チャーチル）通りと言う。いずれも歴史に名を残し日本にもなじみが深い人物から取ってある。
　新大陸で最古のまちと自負するこの都市を有名にしている、そして特に力を入れているのが観光である。サントドミンゴ市特別区の一角は旧市街（ソーナコロン）と言われ、1990年にユネスコの世界遺産に選定された。コロンブスがアメリカ

地下鉄メトロの地図で各駅のプラットホームなどにある。

大陸発見の端緒となった植民都市で当時の面影をしのぶ多くの建物が残っている。この世界遺産、日本が批准に加盟したのは先進国で最も遅く1992年だった。その翌年、姫路城、屋久島、白神山地と法隆寺地域の仏教建築物が世界遺産に選定された。大きな関心を集めたことは記憶に新しい。昨今では、この世界遺産という言葉、日本語にすっかり定着し、世界遺産検定までするようになった。そしてひとつのステータスの感すらある。南米ペルーのマチュピチュはすっかり有名になり海外旅行先の日本人で最も人気のある観光地となっている。

　そしてもうひとつの大きな話題は、やっと開通した地下鉄だ。この国初めての地下鉄で計画当初から国民の大きな関心を集めた。官庁街の市役所前からイサベル川を隔てた隣のサントドミンゴ北市まで、14.5km、16の駅がある。所要時間は約30分。ちょうど川を越える手前から地上の高架を走る。それぞれの駅の名前はこの国にゆかりの人物から取ってある。

　2008年12月23日に開通し、1月6日までの試乗期間は無料で多くの人々が利用した。その後20日間ほどの休止期間を経て、1月30日再開し営業操業となった。運転は朝の6時半か

地下鉄。とても発展途上国のようには見えない近代的なつくりだ。

ら夜の10時半頃までとなっている。料金は一律で20ペソ（約60円）である。公共の市内循環バス（オムサと呼ばれている）が５ペソもしくは10ペソであることから考えると少し高い。庶民の足として定着するのかそれが心配だ。

　ここでは公用語のスペイン語が大変大事である。日常生活には欠かせない。カウンターパートが英語が堪能なので助かっているが、毎日がスペイン語の語学研修のようで苦労していると言うのが正直な感想である。

　2009年３月滋賀県青年海外協力協会発行の青年海外協力隊活動レポート集Vol.22『協力のなかの青春』より転載

「おしえて世界のこと」より
ドミニカ共和国

テーマ「おしえて！有名な日本人は誰ですか？」

カリブの楽園ドミニカ共和国で彼の名前を知らない柔道家はいないだろう。松永護（Mamoru Matsunaga）は若干23歳でドミニカ共和国へ農業移住者として単身やってきた。この国の柔道を発掘し広め確立した。後に造園設計でも名をはせる。この地に築いた柔道や造園での人脈は政界財界スポーツと幅広い。その代表的なものがここハルディンボタニカ Jardin Bitanicoの日本庭園である。必見の価値はある。

ハルディンボタニコ Jardin Botanico（植物園）は広大だ。その中にある日本庭園への入口にある鳥居。ここからが日本庭園である。

テーマ「覚えておくと役に立つフレーズ」

"サルー" salud　一般的には挨拶をするときに使う。朝はブエノスディアスbuenos dias、昼からはブエナスタルデスbuenas tardes、夜にはブエナスノーチェスbuenas noches。サルーこれはいつでも使えるから便利だ。オラholaは英語で言うならハローhelloだが、サルーはもう少し丁寧な感じがする。いかにも南米らしい。他には誰かがくしゃみをしたら思わず"サルー"といってあげよう。相手はグラシャスgraciasと言って返してくるだろう。

テーマ「ペット事情について」

私のアパートはどうやらペットもOKらしい。私はペット可能なアパートは一般のアパートとは区別され特別なものか

ハルディンボタニコの入口にある。スペイン語や英語に混じって最下段にあるのは日本語の「ようこそ」

と思っていたがそうではないようだ。尤もペットと言っても犬である。そして私はことのほか犬が嫌いである。時々鳴き声が聞こえることはあるが大概は静かである。よくしつけされているのである。泥棒や強盗よけに番犬がいると思えばそれほど恐れることもない。

　季刊情報誌「Lake」(財団法人滋賀国際協会発行) に連載の「おしえて世界のこと」へ投稿したドミニカ共和国の情報を転載。

第 3 章
シニア海外ボランティアを志す人に

応募から赴任まで

　平成19年秋の応募で念願の合格となった。春の応募では、合格には至らなかった。その時のJICAの広報から出た合格発表の記事は鮮烈だった。元国立大学の学長、元市長、と異色の合格者を紹介しているのだ。もう諦めようと思っていた。そんな中での2度目の挑戦での合格通知は正直嬉しかった。

　私は40年程前、海外放浪1年から日本に戻り、JICA職員になるべく試験を受けたことがある。残念ながら採用はならずいつの日か海外へという秘かな思いをその後の長い公務員生活で封印していた。

　子供たちの就職、身近な人の死、職場における後進の育成も目処が立ち、地方公務員生活の早期勧奨退職制度を利用して退職を決意した。"海外で働きたい"学生時代の夢への挑戦は今だ。そんな思いだった。

　3月中旬受諾の旨の宣誓書を送付した。4月、初めてのスペイン語にいくつかの語学教室や語学学校に通い始めた。目的ははっきりしている。7月からの派遣前の2カ月間の訓練に備えて、あるいは現地での2年間の生活をより快適にするにはコミュニケーションの手法、語学の習得が必須だ。少しでも早めに開始した方が良いとの思いからである。英語習得での苦い経験がそうさせた。

　7月5日、全国から長野県駒ヶ根の訓練所へ集まった20歳から69歳までのボランティア候補生が参集した。その数217名。事前の研修が始まった。このときの研修人数は青年海外協力隊120名、シニア海外ボランティア97名は過去最高だそうである。他には福島県二本松でも研修が始まっ

た。

　数日後の語学編成試験の後、15のクラスに分けられたスペイン語クラスは全くの初心者からスペイン語圏ですでに何十年も生活している上級者まで本当に千差万別だ。私のクラスは、6名で派遣国はホンジュラス、パラグアイ、ボリビア2名、エクアドルそして私のドミニカ共和国と5つの国に分かれている。これまでその国がどこにあるか、どんな形をしているかさえも知らない国ばかりだった。各人の専門もまた千差万別だ。

　ここでの研修は語学を中心にしてボランティア活動に必要な内容を習得する。特に異文化の地で2年間の活動を終え無事帰ってくることを目標に行われる。こうした過酷な研修を無事終了した者だけが任国へ派遣される。

　途中、何人かの脱落者を除いてほとんどが任国へ派遣されるはずだったが、結局3名が脱落した。

　9月5日研修日最終日を駒ヶ根の研修所後に各人が地元へ戻った。その後任国への赴任まであわただしい数日を滋賀の地で過ごした。いよいよ任国へ気は高まった。出立までの数日は滋賀県庁、野洲市など地元自治体等への表敬訪問と荷づくりなど準備に忙しかった。しばらくは日本へは戻れない。何が必要なのかもわからず勝手にこういったものがいるだろうと予測を立てて荷づくりにいそしんだ。妙なものを詰め込んだと後日思ったのは、靴下などを干すプラスチック製の洗濯物干し、電気蚊取り線香、絨毯などの毛取り用のローラー式の掃除具だった。

　9月22日ドミニカ共和国派遣の14名の仲間が成田空港に参集した。成田空港では中南米の他国へ赴任する駒ヶ根研修所の仲間いわゆる20年度2次隊同期生の何名かと再会した。ある者は孫や連れ合いなど家族の見送りを受けている。

またあるものは夫婦同伴での赴任で初めて遭遇する連れ合いだが、兎に角しばらく出会えない身近な人たちとのしばらくの別れの儀式である。若いころの感激とはまた違う感情がこみあげてきた。飛行機は予定通り成田を出立した。途中ニューヨークで1泊した後、翌日サントドミンゴの空港ラスアメリカス空港に降り立ったのは現地時間9月23日の昼少し前だった。機上からみたドミニカ共和国は感激だった。ちょうどジャングルのただなかにある空港に降り立つような感じがした。これは、それまでの空港が皆街中というか市街地が想定できる都市の様相が垣間見えるからだ。

9月23日火曜日、午前7時10分のニューアーク空港の出発予定が1時間ほど遅れた。到着は10時40分ごろだったが「発達中のハリケーンがサントドミンゴの上空にいて着陸態勢に入ります」のアナウンスがあって着陸を試みるもののうまくいかず再度旋回後着陸となった。ドミニカ共和国人らしいのか祈っている乗客が何人かいる。そして無事着陸した時の拍手喝采は印象的だった。40年近く前の旧ソビエト連邦のモスクワ空港での数回の上空旋回後妙に緊張した後の着陸で皆が拍手喝采したあの情景が思い出された。JICA事務所より2名が迎えに来てくれた。たくさんの荷物を抱えた14名の対応に時間を取られるのではと懸念したが税関係員へも彼らのおかげでスムーズに入国できた。日本の地方空港をほうふつとさせる小さな空港だった。

大勢の人でごった返している。喧騒、そんな言葉がぴったりだ。ホテルまでのバスでの移動中目にした道路の冠水と想定外の舗装された道路など皆の印象はまちまちだった。想像していたカリブ海の常夏のイメージからは程遠い印象だった。

私は幸運にもこうした試験をパスし、縁あってシニア海

14名の仲間とともに成田空港で

　40年程前にここドミニカ共和国に来たことがあるという今田さんは当時の宝物1ペソ紙幣を大事そうに持っていた。シリア、カンボジアに続き今回3度目のシニアボランティアでいつも奥さんと一緒だった木下さん。ウルグアイに続き2度目のシニアボランティアで面倒見の良い松元さんは現在ヨルダンで活躍中だ。若いころからの中の良い友人の死が決意させたという西尾さんは別名オチョさん、最も元気だったが現地で最初に医者の世話になった。大橋さんは最も若いシニアボランティアで私と同じ都市計画の指導で首都から西へバスで3時間のバラオナへの赴任だ。最年長の中村さんは2度目のシニアボランティアで夫婦同伴で赴任した。前回はパラグアイである。天文学の専門家の面を持つ籾山さんはパラグアイでの最初の活動に続き2度目の派遣で今回の指導科目が本業である。私の大学時代の友人と同じ長野の高校で山岳部だった柳沢さんは任地の最高峰登山を苦も無く成し遂げた。剣道の専門家の米倉さんの目標は八段への挑戦だそうだ。スペイン語が大の苦手だといつも言っていたが現地の人との的確なコミュニケーションには驚かされた後藤さんは似顔絵が得意で元校長先生である。建設会社の現職参加の宮川さんは溶接の専門で建築士でもある。
　そして青年協力隊が2名小学校教諭の「桜子」と、日本語教師の「あさひ」だ。いずれも妙齢の女性だ。

外ボランティアとしてドミニカ共和国のサントドミンゴに都市計画の指導で赴任することができた。2008年（平成20年）の9月に赴任してから2010年の帰国までの2年間、瞬く間に時が過ぎ去った。

中でも健康問題はシニアにはいささか厳しいものと覚悟はしていた。歯の治療で現地の歯医者へ行ったり、ちょっとした下痢をしたりと発展途上国で多くのボランティアと同様に洗礼を受けたが、それ以外、いたって健康にこれまで来られた。健康については皆人一倍健康そのものに見えるが、これは十分な医療のバックアップあってのことだとJICAの隠れた支援に認識を新たにしている

参加者は、みな魅力的だった。彼らがそれまで築き手にした地位や財産を自慢することなく、誇りと崇高なるボランティア精神を持って臨んでいる。

シニア海外ボランティアとして海外へ行けることは単に観光で海外旅行することとはその意味合いも大きく異なる。一定期間の間、観光で行けないところへ行け刺激的な体験ができるのである。そんなことが私を魅了したのだ。

JICA（独立行政法人国際協力機構）について

　独立行政法人国際協力機構は世界中の発展途上国に20歳から70歳の老若男女を送りその国の経済や社会の発展に貢献している。JACA（ジャイカ）の名で広く国民に知れ渡っているが、その応募から派遣までの道のりはいたって長く、厳しいものである。語学や専門知識など含め厳しい試験をパスした仲間は2年間という限られた任期を未知なる異文化の中で生活することになる。

　これまでの派遣国は発展途上国を中心に90カ国近くとなりその数も4万人を超える。また、派遣される分野は広汎で農林水産を始め教育文化やスポーツなど多種多様で200種近い。

　往復の旅費、現地生活費、住居費などが支給される。自分探しのためと称して応募する若者も昨今は多いがみな発展途上国での何かの役に立てたいと願っているのが実情だ。

　昭和40年（1965）に最初の青年海外協力隊31名が派遣された。平成2年（1990）には40歳以上を対象にシニア協力専門家事業が創設され、平成8年（1996）シニア海外ボランティアと名称を変えた。20年の歴史を重ねこれまでの派遣数は500名ほどである。

　滋賀県では、協力隊の派遣数は凡そ400名、シニアは50名ほどである。私はその一員となりことのほか満足だ。

私の指導科目は都市計画である

　身の回りをきれいにする。何か目標を決めて取りかかろうとするときの基本姿勢だそうである。ここ首都のサントドミンゴ特別区（Ayuntamiento Distrito Nacional略してADN）では数年前から基本戦略に都市をきれいにすることをその第一に掲げている。limpia作戦というが、毎日ADNのロゴマーク入りの制服を着た市の職員が主だった道路のゴミ拾いをしている。そのせいもあって都市の幹線道路は思った以上にきれいだ。

　サントドミンゴ特別区はドミニカ共和国の首都で南はカリブ海に面し、東はオサマ川を挟んでサントドミンゴ東市に、北はイサベル川を挟んでサントドミンゴ北市と接している。また西はルペロン通り（Avenida Luperon）を共有するようにサントドミンゴ西市である。

　この特別区は東端に世界遺産に選定された一帯がある。旧市街と呼ばれる一帯である。面積約1.4km²である。1983年比較的早くに選定されたものである。世界の中で首都でありながら世界遺産に選定されている事例はほかにもいくつかある。先進国では今のところ事例はない。

　植民都市として最初に築かれたのはオサマ川を挟んだ東側であるが大きな地震により崩壊し、川の西側に築かれたという歴史的な経緯がある。当時は新都市と呼ばれたが、時代の変遷を経て今では旧市街と呼ばれる。この旧市街を中心に築かれた都市は西へ西へと発展し今日の姿になった。

　その間、都市への人口集中による拡大化により様々な問題が生じ土地利用コントロールのルールが模索の中でちょうど構築中だった。こうした土地利用の規制制度を構築中

の中での赴任となった。日本では用途による規制制度が主流でそれに付加しているのが高さなどの形態規制であるがこの国ではいまだどうするべきか迷っているようにも見える。

　日本で広く普及している建蔽率や容積率によって形態の制限を加え空地を確保する日本の制度とは異なり、階数制限や高さ制限それと居住密度に厳格な壁面後退による空間の確保を担保する仕組みである。特に戸建て住宅における壁面後退は厳格で大きな空地を確保し一定の良好な住環境が確保されている。

　建築許可でよくチェックしているのがこうした後退距離の明示というのも興味深いところである。

　もちろん大きな問題はある。大規模な建築物などは法律に準拠してきちんとしたものができている半面、違反建築が多かったり、法律はあるが順法精神からほど遠いというか法律が機能しておらず許可すら受けないで建築している建物が多数あるのが実態である。

　そんなこともあって、許認可の制度がありながら表示制度がないというのが任期途中に気付き提案したところであるが未だ成果とはなっていない。市街地で見られる大きな看板表示には許可済の照査を示す仕組みがあるのにと思ったものだ。

ひとくちALGO MAS

　合併から分割　Ayuntomiento del Distrito Nacional、サントドミンゴ特別市と訳すのだろうか、県と同格と言う。31の県と特別市で構成されている。隣接するのは、北にはサントドミンゴ北市、東にはサントドミンゴ東市、西にはサントドミンゴ西市である。2001年に分割したのだ。ちょうど日本の平成の合併最中にこの国では250万ほどのサントドミンゴ市が5つに分割された。

あとがき

　ちょうど60歳を迎えた。還暦である。その半数の30年が此処野洲で瞬く間に過ぎ去り私の終の棲家となった。イタリアのジェノバで生まれ、スペインで亡くなったコロンブスはその遺言に、自分の遺骸はサントドミンゴに埋葬してほしいと言い残したそうである。私はそれに倣うつもりはないが、ここ滋賀県野洲市を終の棲家と考えている。

　私が生まれ育った滋賀県は日本のほぼ中心に位置し、古来より歴史のひのき舞台で賑わしてきた。日本一の琵琶湖を始めとして全国をリードしている。所得は全国でも大都市に次いで上位に位置しているのは特筆すべきことだ。最近では若者や子供が多い県で、数少ない人口増加県でもある。食文化も豊富で近江牛は松阪牛、神戸牛と並び称される。琵琶湖が育んだ魚類の食文化は特色があって県民食のフナ寿しは滋賀ならではのものである。

　そして今回、派遣前の長野県駒ケ根での研修では、全国から集まった二百数十名の同期の仲間の何人かが野洲のことを知っていてくれていた。あるものは仕事で訪問したことがあり、宿泊すらしているものまでいた。
　野洲市は琵琶湖に注ぐ県内で最も大きい野洲川の下流に位置し、川沿いに開けたこのまちは、2005年（平成7）平成の大合併のなかいち早く合併し野洲市となって日も浅い。合併により滋賀の代名詞「琵琶湖」とも接するようになった。

このまちは、古来より人の往来が盛んで湖上交通や陸の交通路中山道、朝鮮人街道沿いに発達し、国宝や重要文化財に指定される社寺建築や仏教美術も多い。
　こうした半面、近代的で先端企業の工場誘致も盛んで全国的にも著名な企業が多いのも特徴だ。米国のコンピューター企業のIBMがいち早く野洲に工場を設けたのは随分と前のことだった。化粧品で有名なマックスファクター、京セラ野洲工場を始め先端企業のオムロン、村田製作所など全国的にも有名な企業が、この地を営業所や工場の場所として選んだ。

　野洲高校がサッカーの全国大会で優勝した時は同窓の宴で他府県の友人たちとの会話では野洲のことが話題になり誇らしかった。
　またいち早くできた銅鐸博物館（昭和63年開館）は全国的にも珍しい博物館である。この博物館は、謎に満ちた弥生時代の青銅器「銅鐸（どうたく）」が大小併せて24個も発見されたことに由来し、銅鐸博物館まで作る契機となったのである。以来このまちは「銅鐸のまち野洲」をキャッチフレーズにまちづくりに活用してきたが、平成9年島根県の加茂遺跡で39個もの大量の銅鐸が発見され"銅鐸のまち"の座を譲ったが、最大の銅鐸は今でも野洲からのものである。
　最近では、観光のキャッチフレーズに「おいでやす（ようこそ）」をもじって「おいで野洲」をキーワードに多くの観光客をひきつけている。英語ではwelcome（ウエルカム）だが、スペイン語なら、bienbenidos（ビエンベニードス）となる。
　また、美しい円錐形の三上山は別名近江富士の愛称で地元民からも親しまれ毎年の元旦登頂の初日の出は大勢の登山者

をひきつけている。全国にはこうした富士を冠する山は300以上もあるがその美しさは湖国のランドマークでもあり全国的にも上位に数えられるというと言い過ぎだろうか。春夏秋冬で異なった顔を見せるこうした三上山をはじめとして自然も豊かだ。

　私の好きな希望が丘の大きな公園は欧米のだだっ広いpark（パーク）を連想させる。今は成人した子供たちが幼き頃、子育て期に何度も連れだって家族ハイキングに来たことを思い出す。

　本書籍は、こうした背景があって私が生まれ育った地元滋賀県から出したいと強く願った。協力をいただいたサンライズ出版株式会社には敬意を表したい。

　日本では、ドミニカ共和国を新聞等で見ることはほとんどない。カリブ諸国という言葉さえも、あるいはラテンアメリカも取り上げられるのはごくまれである。そうした国に少しでも関心を寄せていただければ私の役目は果たせていると考えている。

　退職後の人生の選択肢として、シニアとしてJICAのしくみの中でボランティア活動を志す人の参考にもなることを期待している。

平成23年大晦日

著者略歴

田中　みきお

1951年生まれ
滋賀県野洲市在住
2008年（平成20年）9月～2010年（平成22）9月 JICA
　シニア海外ボランティアとしてドミニカ共和国サント
　ドミンゴ市役所特別区で都市計画の指導で赴任
地方公務員30年
1級建築士、建築基準法適合判定者（旧：建築主事）
現在　野洲市ボランティア観光ガイド
著書「わたしの経験した米国研修」㈱文芸社　2006年

コロンブスの終の棲家　ドミニカ共和国

2012年5月17日　初版第1刷発行

著　　者　田中　みきお
発　行　者　岩根　順子
発　　行　サンライズ出版
　　　　　〒522-0004　滋賀県彦根市鳥居本町655-1
　　　　　電話 0749-22-0627　FAX 0749-23-7720

印刷・製本　サンライズ出版

ⒸMIKIO TANAKA 2012　ISBN978-4-88325-474-3 C0095　Printed in Japan
乱丁本・落丁本は小社にてお取り替えいたします。
定価はカバーに表示しております。